<u>Table</u>

Vevak

Selon un raport du Centre pour la Researche sur le Renseignement, le ministère du Renseignement et de la Sécurité - (*Vevak Vezarat-e Ettelaat va Amniyat Keshvar)* en farsi - de la République islamique d'Iran a été créé le 18 août 1984. Le VEVAK est le successeur de la SAVAK, service spécial particulièrement redoutable qui sévissait du temps du Shah. Bien que nombre d'officiers de renseignement aient été exécutés après la révolution, le nouveau pouvoir a eu l'intelligence d'en retourner un certain nombre qui ont apporté leurs compétences professionnelles à ce service naissant.

Le plus connu des «retournés» est l'ex-numéro deux de la SAVAK, le général Hossein Fardoust. Il a été affecté comme conseiller auprès du bureau de renseignement du Premier ministre de l'époque, Medhi Bazargan. C'est cet organisme qui a créé le VEVAK. Cependant, après avoir rempli sa mission, Fardoust a été arrêté et est mort en 1987 en prison.

Missions

Le VEVAK opère à l'intérieur du pays comme à l'étranger. Sa mission première consiste à traquer les opposants au régime, en particulier les membres de l'Organisation des moudjahidines du peuple (OMPI). En effet, cette organisation est considérée par Téhéran comme la plus importante et surtout, la plus menaçante pour le pouvoir. Toutefois, tous les dissidents, royalistes, kurdes, arabes, baloutches, etc. constituent aussi des cibles de choix pour le VEVAK.

Avec le temps, d'autres missions sont venues se greffer aux objectifs initiaux. La première a consisté à approvisionner l'Iran en matériels soumis à embargo, au premier rang desquels se trouvent les armements, les pièces de rechange militaires et tout ce qui est nécessaire au développement d'un programme nucléaire militaire.

Ensuite, il a fallu tenter de parer les opérations des services spéciaux adverses qui sabotent l'effort nucléaire en assassinant des scientifiques, en introduisant des virus (Stuxnet) dans les systèmes informatique, en livrant des pièces mécaniques défectueuses en utilisant des intermédiaires véreux, etc. Cette mission relève du contre-espionnage dans ce qu'il a de plus classique. Cela implique aussi une sensibilisation et une assistance aux autres organisations gouvernementales dans le domaine de la sécurité.

Le VEVAK s'est aussi vu confier la tâche de préparer les représailles au cas où les Etats-Unis ou Israël (ou les deux Etats ensemble) mèneraient une frappe sur les installations nucléaires iraniennes.

Enfin, ce qui est le cœur du métier des services spéciaux, le VEVAK centralise tous les renseignements recueillis à l'étranger, que cela soit par ses propres sources ou par les autres ministères iraniens. A savoir que tout fonctionnaire iranien est un officier de renseignement potentiel qui est tenu de rechercher des informations. Il doit ensuite en rendre compte au VEVAK. De plus, tout citoyen qui remarque quelque chose d'anormal ou intéressant la sécurité nationale doit appeler le numéro de téléphone «133».

Organization

Le VEVAK est placé sous l'autorité du Conseil suprême de la Sécurité nationale (CSSN). En fait, il répond de ses actes directement auprès du Guide suprême de la révolution, l'ayatollah Ali Khamenei. Il a son quartier général à Téhéran, dans les anciens locaux de la Savak.

Son chef est obligatoirement un religieux qui doit détenir un degré dans l'*ijithad*, c'est-à-dire la capacité à interpréter le Coran et les paroles du Prophète et de ses imams. Il ne doit pas être membre d'un parti politique et doit avoir une réputation d'intégrité personnelle sans tâche.

Un des patrons les plus célèbre de la centrale de renseignement est l'hodjaloteslam Ali Fallahian, qui occupa cette fonction de 1989 à 1997. Avec d'autres dignitaires du régime - dont l'ayatollah Hachemi Rafsandjani (decedè en 2017), Mohsen Rezaï et deux ses successeurs, Dorri-Najafabadi et Ali Younessi -, il est sous le coup d'un mandat d'arrêt international pour l'assassinat de quatre dissidents kurdes à Berlin en septembre 1992 (affaire du restaurant *Mykonos*). Il est aussi directement impliqué dans des attentats contre des institutions israelites en Argentine (1992 et 1994) et dans celui de Chapour Bakhtiar, en région parisienne, en 1991.

Personnels

Le VEVAK comprend 30 000 personnels, tous civils, à la différence de la défunte Savak. Plusieurs milliers d'entre eux résident à l'étranger (entre 2 000 et 8 000 selon les estimations). Les membres du VEVAK sont connus sous l'appellation des «Soldats inconnus de l'imam Zaman», le cinquième imam dans l'ordre de succession des chefs islamiques chiites. En effet, c'est comme cela que les avait appelé l'ayatollah Khomeiny.

Le recrutement se fait de deux manières différentes. Une première filière existe au sein de l'université Imam Mohammad Bagher d'Ispahan qui dépend du VEVAK. Les étudiants âgés entre 22 et 27 ans passent un concours d'entrée. La deuxième voie est la cooptation, ce qui facilite certains «regroupements familiaux». Les candidats issus des deux voies sont convoqués pour subir des tests physiques dans leur province de résidence. Ces épreuves sont moins sélectives que celles destinées aux postulants aux forces spéciales de l'armée ou des pasdaran.

Ceux qui ont satisfait à ces épreuves rejoignent Hamadan pour y être soumis à des tests psychologiques et à une enquête de sécurité très pointue. Le passé, les membres de la famille et les relations du candidat sont examinés à la loupe. Quelque soit la qualité de l'impétrant, tout doute dans les domaines psychologique et de la sécurité est éliminatoire. Ceux qui ont franchi cette épreuve sont ensuite évalués dans les domaines culturel, économique, social, politique et religieux.

Tous ces tests peuvent s'étaler sur une durée de 9 mois à 2 ans ! Les heureux élus intègrent alors l'«école d'espionnage» de l'université Imam Mohammad Bagher pour y suivre une formation spécifique. A leur sortie, les nouveaux promus intègrent le VEVAK et une identité fictive qui leur est alors attribuée. Ils rejoignent leur première affectation, généralement un bureau provincial. Ce n'est qu'une fois qu'ils auront acquis une solide expérience qu'ils pourront prétendre à servir à l'étranger pour des missions de courte ou de longue durée.

Durant leur carrière, les membres du VEVAK sont étroitement contrôlés et encourent les pires sanctions en cas de manquements à la sécurité. Par le passé, le ministère a connu des purges sanglantes, concernant même les responsables les plus importants, à l'exemple du vice-ministre des renseignements Saïd Emami qui a été incarcéré puis qui s'est « suicidé» en prison. Généralement, les fonctionnaires du VEVAK ne sont pas des islamistes purs et durs mais plutôt des nationalistes. C'est pour cette raison qu'ils sont surveillés de près par les pasdaran qui s'assurent de leur loyauté.

En ce qui concerne les citoyens iraniens résidant à l'étranger, le VEVAK utilise tout simplement la menace pour les faire collaborer: «*travaillez pour nous ou votre famille restée en Iran pourrait avoir de sérieux problèmes*». Si une certaine réticence est rencontrée, le VEVAK n'hésite pas à faire incarcérer des membres de la famille de la cible sous des prétextes parfois passibles de la peine de mort. Cette méthode musclée interdit aussi toute défection à moins que le sujet ne quitte le pays avec les membres de sa famille auxquels il tient !

A l'étranger

Les officiers de renseignement «officiels» servent à l'étranger sous couverture diplomatique. Le VEVAK agit en étroite coopération avec le ministère des Affaires étrangères. Certains ambassadeurs iraniens font d'ailleurs partie du VEVAK.

Pour leur part, les officiers «clandestins» sont souvent des personnels d'Iran Air, de l'agence de presse IRNA, de la radiotélévision IRIB, d'associations culturelles ou caritatives (la Fondation des martyrs, la Fondation des opprimés et des dépossédés, l'Organisation pour la culture et les relations islamiques, etc.), des étudiants, des hommes d'affaires, des commerçants, des employés de banques, des médecins, des infirmières, etc.

Même le Croissant Rouge iranien sert à l'occasion de couverture. Les banques iraniennes - dont la plus importante est la banque Melli - servent à fournir les fonds nécessaires à la vie des réseaux constitués par les officiers traitants du VEVAK. Etant donné le grand nombre d'officiers traitants résidant à l'étranger, il est évident que toutes les grandes capitales accueillent plusieurs d'entre eux.

Un des plus importants postes du VEVAK à l'étranger se trouve situé à Amman, en Jordanie. En dehors du fait que la capitale jordanienne est géographiquement intéressante car elle permet de couvrir le Proche Orient, des liens étroits unissent le VEVAK avec les services de renseignements militaires jordaniens (Dairat al-Mukhabarat al-Ammah).

Beyrouth occupe également une place particulière car le Hezbollah libanais est en fait un «bras armé» des services iraniens. En effet, la diaspora libanaise est omniprésente sur l'ensemble du globe. Elle constitue un «vivier» dans lequel le Hezbollah vient recruter ses agents pour le compte de Téhéran. Globalement, les citoyens libanais attirent moins l'attention des services de sécurité que leurs homologues iraniens.

Etant donné l'intérêt stratégique de la zone, des postes sont également présents au sein des représentations diplomatiques iraniennes présentes en Arabie saoudite et dans les Emirats arabes unis (EAU), particulièrement à Dubaï et au Barhein, où la majorité chiite intéresse au plus haut point Téhéran. Cette zone sert également à faire transiter discrètement des fonds en provenance d'Iran vers le Hezbollah libanais.

En Europe, des postes importants sont localisés à Paris, Bruxelles, Berlin, Londres, Vienne, Milan, Genève, Stockholm, Nicosie, Ankara et Istanbul. Une importante structure aurait été montée récemment à Sofia, en Bulgarie. De nouvelles associations s'occupant de réfugiés iraniens voient actuellement le jour. De forts soupçons laissent penser que ces organismes sont en fait de nouvelles implantations des services secrets iraniens.

Par ailleurs, Téhéran s'appuie sur le réseau d'amitiés qu'il a développé avec certains dirigeants latino-américains qui souhaitent «*promouvoir la pensée révolutionnaire dans le monde*», au premier rang desquels le ex-président vénézuélien Hugo Chavez. L'Iran profite également de sa zone d'implantation traditionnelle dans la région «des trois frontières» située entre le Brésil, le Paraguay et l'Argentine où la population d'origine libanaise est en nombre.

En outre, la Bolivie - dirigée par le président Evo Morales, l'Equateur ☐ présidé par Rafael Corea ☐ et le Nicaragua - où l'ancien chef sandiniste Daniel Ortega est revenu au pouvoir - sont des pays qui montrent une grande bienveillance à l'égard de l'Iran. Il faut dire que ces nouveaux dirigeants sont animés d'un sentiment anti-américain très marqué. Pour la même raison, Cuba constitue un point d'appui naturel pour Téhéran.

L'Iran n'a pas de représentation diplomatique aux Etats ☐Unis suite à la prise d'otages de personnels américains qui a eu lieu à Téhéran après la révolution (1979). Jusqu'à fin 2012, l'Iran avait une ambassade à Ottawa au Canada. Celle-ci a été fermée en raison du soutien apporté par Téhéran au régime du président Bachar el-☐Assad, attitude jugée inadmissible par le gouvernement canadien. En Amérique du Nord, il ne reste donc à l'Iran comme point d'appui que sa mission permanente auprès des Nations Unies à New York.

Mouvements hostiles

Des agents manipulés par la VEVAK sont parvenus à infiltrer les divers mouvements d'opposition iraniens installés à l'étranger, en particulier l'OMPI. Il est intéressant de remarquer que ce mouvement qui obtenait d'excellentes informations par le passé, en particulier sur l'effort nucléaire iranien, semble avoir perdu une grande partie de ses capacités de recueil d'informations sensibles.

Il est vrai que l'accroissement des opérations de contre-espionnage et de contre-ingérence du VEVAK semble avoir obtenu des résultats tangibles ces derniers temps. Il faut dire que face à la menace, les Iraniens ont créé une structure dédiée à ce type d'opération appelée *Oghab 2* (Aigle 2) qui regroupe des membres du VEVAK mais aussi d'autres administrations. 10 000 fonctionnaires commandés par les généraux Akbar Dianatfar et Ali Naghjdi seraient ainsi mobilisés à cette tâche. Les résultats commencent à se faire sentir.

En 2012, un réseau d'une trentaine de membres travaillant aux Emirats arabes unis, en Turquie et en Malaisie, vraisemblablement au profit de la CIA, aurait été mis à jour par le VEVAK. Sa mission consistait à préparer des sabotages contre l'industrie nucléaire. Un an plus tôt, ce sont 30 agents recrutés par Washington qui auraient été découverts en Iran même. Les Américains les avaient approché en utilisant un site web d'offre d'emplois créé pour l'occasion. Toujours dans le domaine du contre☐espionnage, depuis décembre 2011, Amir Hekmati, un citoyen irano-américain, ancien interprète de l'*US Marine Corps*, attend son exécution pour «*collaboration avec un gouvernement hostile*».

Par contre, il est vérifié qu'Abdolmalek Rigi, le chef du Jundullah, un groupe d'opposition violent actif dans le sud-est de l'Iran, a été appréhendé d'une manière rocambolesque, le 23 février 2010. En effet, le vol QH454 qui l'emmenait de Dubaï au Kirghizstan a été intercepté par la chasse iranienne au dessus du Golfe persique, puis obligé d'atterrir en Iran où Rigi a été arrêté. L'information de sa présence à bord de l'appareil civil aurait été fournie à Téhéran par le Pakistan! Rigi a fini sa «carrière» au bout d'une corde, en juin 2010, dans la prison d'Evin, à Téhéran. Un mois auparavant, c'est son frère qui était également emprisonné et qui a connu le même sort, à Zahedan. Les deux hommes ont «avoué» travailler pour le compte de la CIA!

Les mouvements kurdes figurent également sur la liste des préoccupations du VEVAK. Si les Kurdes iraniens sont très surveillés, les membres du PKK (Turquie) tiennent une place à part et bénéficie de la bienveillance de l'Iran. Cette politique ambiguë de soutien discret permet à Téhéran de faire pression sur Ankara afin de limiter la coopération de la Turquie avec les Etats☐Unis. L'Union patriotique du Kurdistan (UPK) de Jalal Talabani est également infiltrée par le VEVAK depuis de très longues années. Il suffit, pour s'en convaincre, de constater avec quelle rapidité Talabani ☐ le ex-président irakien - est intervenu pour que les Américains libèrent des membres des services spéciaux iraniens faits prisonniers en Irak, fin 2006 et début 2007.

Aujourd'hui, le VEVAK joue un rôle de tout premier plan dans la guerre secrète qui oppose Téhéran aux Etat-Unis et à Israël, d'une part, et à l'Arabie saoudite et aux émirats du Golfe persique d'autre part. L'objectif des premiers adversaires est de contrer l'influence de l'Iran au Proche et Moyen-Orient et d'empêcher le régime d'obtenir l'arme nucléaire. Pour les seconds, il consiste à empêcher la création d'un «croissant chiite» qui irait du Liban à l'Iran, en passant par la Syrie, l'Iran, l'Irak avec des excroissances au Bahrein et au nord du Yémen.

Sunnites

En effet, à l'image des Frères musulmans, du *Jamaat-i-Islami* égyptien, du Hamas, du Djihad islamique et du Front populaire de libération de la Palestine–Commandement général (FPLP-CG), divers mouvements sunnites ce sont joints à la lutte engagée par Iran contre l'«impérialisme judéo-chrétien». En janvier 2007, le ministre des Affaires étrangères palestinien, Mahmoud al☐Zahar, reconnaissait que Téhéran avait déjà fourni plus de 120 millions de dollars d'aide au gouvernement dirigé par le Hamas. Il a même ajouté que cette aide devrait se poursuivre dans l'avenir. C'était sans compter avec le soutien affiché du Hamas aux insurgés syriens.

Le Hamas a été contraint de quitter la Syrie en 2012 pour rejoindre le Qatar et la bande de Gaza. Les crédits lui ont été coupés, mais les monarchies du Golfe persique se sont aussitôt substituées à l'Iran pour soutenir ce mouvement contre Israel. Toutefois, faisant preuve de beaucoup de pragmatisme comme à son habitude, l'Iran a continué à envoyer des armements en direction de la bande de Gaza, souvent via le Soudan puis le Sinaï.

Irak

L'Irak constitue un terrain d'opérations privilégié pour le VEVAK. Les réseaux de renseignement iraniens en Irak datent du temps du Shah. Certains officiers traitants de la SAVAK ont même été rappelés à leur poste par le régime des mollahs, après leur prise du pouvoir en 1979, car les nouveaux gouvernants avaient confiance dans leur expertise.

Le parti baassiste de Saddam Hussein (aujourd'hui disparu à la plus grande satisfaction de Téhéran) était également infiltré par des agents iraniens, exploit que même les services américains et israéliens ne sont jamais parvenus à réaliser. Depuis l'invasion américaine de 2003, le VEVAK, en coopération étroite avec les pasdaran, a installé des centres de renseignement dans les localités de Bagdad, Nadjaf, Kerbala, Kut, Bassorah et Kirkouk.

Afghanistan

A l'est, l'Afghanistan fait aussi l'objet de toutes les attentions des services iraniens. Les tribus du pays n'ont aucun secret pour les Iraniens qui les ont infiltré depuis des années. Le VEVAK aurait même réussi à recruter une taupe au sein de l'armée britannique. Malgré son grade modeste, un caporal d'origine iranienne □ parlant couramment le pachtoune □ qui servait d'interprète au commandant des troupes de l'OTAN, avait accès à de nombreuses informations sensibles. Dans ce pays, Téhéran s'appuie sur des ennemis d'hier, en particulier le Hezb□ I□Islami de Gulbuddin Hekmatyar, mouvement que Téhéran a jadis combattu □ comme les taliban –, car jugeant alors qu'il constituait une menace, mais qui est désormais devenu un alliè...

Elimination physique

Si la première mission du VEVAK est la surveillance et la pénétration des adversaires interieurs et exterieurs du régime, le ministère n'hésite pas à aller jusqu'à l'élimination physique de membres de l'opposition réfugiés à l'étranger. C'est ainsi que plus de 100 meurtres ont été planifiés et exécutés depuis 1979. Le mouvement le plus visé est l'OMPI. Le Parti démocratique kurde iranien (PDKI) est également sur la liste des objectifs. Ainsi son chef, Sadegh Sharah☐Kindi et trois de ses fidèles ont été abattus dans un restaurant en Allemagne, le 17 septembre 1992.

Le chef du VEVAK de l'époque, Ali Fallahian, a été inculpé en mars 1996 par un tribunal allemand pour avoir commandité ces assassinats. D'autres personnalités ont aussi été assassinées :
Kazem Radjavi, en Suisse, en avril 1990
Cyrus Elahi, à Paris, en octobre 1990
Abdelrahman Boroumad à Paris, en avril 1991
Chapour Bakthiar, à Suresnes, en août 1991
Mohammed Hossein Naghdi, à Rome, en mars 1993
Abdol Ali Moradi et Zera Rajabi à Istanbul, en février 1996
Reza Mazlouman, à Créteil en mai 1996

Ces opérations *homo* se sont intensifiées en Irak depuis l'invasion américaine de 2003, faisant souvent passer la mort d'un opposant pour un crime crapuleux ou en attribuant la responsabilité aux milices sunnites. A titre d'exemple, le 13 octobre 2006, AbdulRahim Nasrallah, le leader du Parti national pour la justice et le progrès (NJPP) ☐ un mouvement politique irakien fortement opposé à Téhéran ☐ a été assassiné avec 10 de ses fidèles à Bagdad par des hommes portant des uniformes de la police.

Enfin, le mystère reste entier concernant la mort supposée du prince Bandar bin Sultan bin Abdelaziz Al Saud, nommé chef des services spéciaux saoudiens le 19 juillet 2012 et qui aurait été tué lors d'une attaque à la bombe de son QG, le 22 du même mois.

Opérations clandestines

Il est convient cependant de souligner que le VEVAK n'est pas doté d'un «service action» à proprement parler. Ce type de mission est confié aux pasdaran, en particulier à la force Al-Qods du général Qassem Soleimani. Ce sont par exemple les pasdaran qui ont eu la charge de former des «résistants» irakiens à l'emploi de mines improvisées télécommandées qui ont causé tant de victimes parmi les forces de la coalition. Les services iraniens ont également directement apporté leur aide à l'armée bosniaque depuis 1993. Les estimations les plus répandues évoquent la présence de 2 500 «conseillers» en 1995.

En règle générale, le VEVAK apporte les renseignements, le soutien logistique et les transmissions nécessaires, et les pasdaran s'occupent des opérations. Les moyens d'action des services iraniens sont souvent violents. Ils n'hésitent pas à employer l'arme terroriste. Les attentats les plus célèbres sont ceux survenus au Liban contre des contingents militaires français et américains en 1983, qui ont causé la mort de 299 personnes; une série d'attentats à la bombe à Paris en 1986 (12 morts); les attaques contre l'ambassade d'Israël et la communauté juive à Buenos Aires en 1992 et 1994 (125 tués); et vraisemblablement l'attentat de Dahran, dirigé contre les Américains en Arabie saoudite le 26 juin 1996. 19 Américains avaient été tués et 372 personnes blessées. Le Hezbollah saoudien est suspecté avoir commis ce dernier attentat en liaison avec Al-Qaida.

Aujourd'hui, les services iraniens sont particulièrement actifs à travers l'important soutien apporté à Damas. Nombre de leurs officiers l'ont payé cher. Toutefois, 48 d'entre eux, qui avaient été enlevés en août 2012 par l'opposition armée, ont pu être échangés contre 2130 prisonniers, le 9 janvier 2013, à Damas, sous l'égide du Qatar et de la Turquie. Nul ne sait quelles sont les activités exactes des services iraniens en Syrie mais elles doivent couvrir des missions de conseil et opérationnelles.

Pasdaran

L'autre acteur majeur du renseignement iranien est le Corps des gardiens de la Révolution islamique (pasdaran). En ce qui concerne l'étranger, il dispose d'Organisation du renseignement («*Ettella at e Sepâh*»), laquelle se compose de deux comités : celui du renseignement et celui de l'exécution des opérations. Cette organisation a été crée par Mohsen Rezaï, un des candidats malheureux à l'élection présidentielle de 2009. Depuis 2009, elle rend compte directement au Guide suprême de la révolution.

Etroitement liés au VEVAK, ses membres utilisent les mêmes couvertures que le ministère. Toutefois, ils gardent cependant leur autonomie, afin de pouvoir surveiller leurs homologues des autres services de renseignement si nécessaire. On peut parfois trouver certains d'entres eux au poste d'attaché de défense. Ils servent alors es qualité.

A l'intérieur, les pasdaran dispose de bureaux de renseignement implantés dans tout le pays et plus particulièrement au sein des unités militaires. Une partie de leur mission peut alors être apparentée à celle d'une sorte de «sécurité militaire». En effet, les mollahs ont toujours gardé une grande défiance vis-□à-vis des cadres de l'armée, même si aujourd'hui, plus aucun officier n'a servi du temps du Shah. Mais comme cela a été évoqué précédemment, les pasdaran sont surtout tournés vers l'action, la force Al□Qods fournissant les exécutants des opérations violentes, aussi bien en Iran qu'à l'étranger.

Bakhtiar

Chapour Bakhtiar etait un homme politique issu de la grande bourgeoisie iranienne. Il a fait ses études au lycée français de Beyrouth, puis en métropole. Opposé à toutes les dictatures, il songe un moment rejoindre les brigades internationales en Espagne. En 1939, il s'engage dans l'armée française, puis, une fois démobilisé, il rejoint la Résistance.

Après la guerre, il retourne en Iran. Il s'oppose au régime du Shah Reza Pahlavi jusqu'en 1978. Il le paye de plusieurs peines de prison qui, cumulées, font un total de six années d'incarcération. Toutefois, le 4 janvier 1979, le Shah acculé par la révolution interne, le nomme au poste de Premier ministre. Mais c'est bien trop tard. Il est renversé le 1er février lors du retour au pays de l'ayatollah Khomeiny. Dix jours plus tard, il quitte le pays discrètement et parvient à rejoindre la France.

Le 14 mai 1979, l'ayatollah Khalkhali, le juge religieux qui préside de la cour révolutionnaire déclare publiquement son intention d'«*éliminer les corrupteurs sur la terre*» et que «*ceux qui ont quitté l'Iran après la Révolution sont considérés comme de véritables criminels et sont passibles de la peine de mort*». Dans ses propos, il fait nommément allusion à Chapour Bakhtiar, car cet opposant est profondément anticlérical et donc haï par le régime des mollahs. Le 7 décembre de la même année, suite à l'assassinat à Paris de Moustapha Chafik, un membre de la famille royale, il renouvelle ses menaces en déclarant que «*les fedayins islamiques mènent leurs activités en Europe et aux Etats-Unis afin de localiser et de punir les criminels pour leurs fautes*». Il désigne de nouveau Chapour Bakhtiar comme une cible car «*il fait campagne contre l'imam Khomeyni depuis son lieu d'exil à Paris* ».

Le 18 juillet 1980, une première tentative d'assassinat a lieu. Un commando de cinq activistes conduit par Anis Naccache, un Palestinien converti au chiisme, tente d'éliminer Chapour Bakhtiar à son domicile de Neuilly sur Seine, où il réside en compagnie de sa fille. L'appartement lui a été prêté par un ami proche, le docteur Abdorrahman Boroumand. La tentative échoue grâce à l'intervention des forces de sécurité mais se solde par la mort d'un policier et d'une voisine.

Un second fonctionnaire de police est grièvement blessé d'une rafale de pistolet-mitrailleur et restera lourdement handicapé jusqu'à son décès en 2008. Naccache est arrêté puis condamné à la perpétuité en 1982. Il est expulsé en 1990 après de sombres négociations avec l'Iran concernant la libération d'otages français détenus au Liban. Depuis, il séjourne entre Téhéran et Beyrouth.

Les assassinats d'opposants iraniens se poursuivent de plus belle. Le 4 juin 1989, Boyahmadi, un membre de l'organisation «l'Etendard de la liberté d'Iran» (ELI) est assassiné à Dubaï. La victime avait été un des principaux collaborateurs de Chapour Bakhtiar en Iran avant de rejoindre les monarchistes. Le 23 octobre 1990, Cyrus Elahi, un autre membre de l'ELI est abattu à Paris par un inconnu. Enfin, le 18 avril 1991, c'est au tour du docteur Abdorrahman Boroumand, le président du conseil exécutif du MNRI et ami de Bakhtiar, d'être poignardé à mort dans le hall de son immeuble, à Paris.

13 juin 1991

Farydoun Boyerahmadi, un membre du MNRI ayant toute la confiance de Chapour Bakhtiar, déclare accueillir chez un ami dénommé «Michel » - résidant au 2, rue Goiot à Reims deux de ses «connaissances» venant d'Iran: Mohammad Azadi et Ali Valiki Rad. Selon lui, ces deux personnes doivent effectuer un séjour touristique en France du 15 juin au 15 septembre 1991. Les deux certificats sont délivrés à la mairie de Reims, le 16 juin. Par contre, leur visa ne sera demandé que le 17 juillet et enregistré le 21. Il leur est accordé le 26 juillet.

En fait, l'enquête du juge Jean-Louis Bruguière déclenchée après l'assassinat de Chapour Bakhtiar révèlera que Boyerahmadi a été retourné par les services secrets iraniens (Vevak) depuis des années. Il renseignait Téhéran sur les faits et gestes des membres du MNRI depuis l'intérieur du mouvement. Avant de pouvoir retourner vivre en Iran, il lui est demandé d'accomplir une dernière mission: faciliter à l'assassinat de Chapour Bakhtiar. C'est lui qui, profitant de la confiance lui étant accordée, a pour mission d'introduire auprès du leader du MNRI les deux tueurs entraînés en Iran qui sont chargés de l'exécution du contrat.

26 juin 1991

Parallèlement à cette démarche, un certain Norian Nasser (en fait Mohammad Azadi) demande auprès de l'ambassade de France en Iran un visa de quinze jours débutant le 10 juillet 1991. Il prétend vouloir acheter des équipements électroniques auprès de la société française Syfax, dont le siège est situé au 66 bis avenue V. Cresson à Issy☐les☐Moulineaux.

Cette dernière a en effet invité l'intéressé à venir en France vers le 20 juin 1991. Le même jour, un certain Kamal Hosseini (en fait Valiki Rad) effectue une démarche identique auprès des services consulaires français. La société Syfax est tout à fait légalement en affaires avec le Maghreb et l'Iran. Son correspondant en Iran est un certain Massoud Hendi qui a également ses entrées auprès de l'IRIB, l'agence nationale de presse iranienne. Il sera découvert par la suite qu'il est en rapport avec le ministère du Renseignement, le Vevak car il a en sa possession la ligne directe du ministre! C'est donc lui qui se charge des démarches nécessaire pour faire «inviter» les deux hommes à la demande express de Hossein Sheikhattar, un fonctionnaire important du ministère des Télécommunications.

En effet, ce denier ne souhaite pas apparaître directement sur le devant de la scène, vraisemblablement car il dépend d'un organisme d'Etat. En effet, dans ce type d'opération, il est vital que l'Etat commanditaire ne puisse pas être impliqué d'une manière ou d'une autre. Sheikhattar, qui occupe un poste de responsabilité dans le domaine des communications par satellites, se rend fréquemment à l'étranger - et en particulier en France - où il a ses entrées chez Matra et Alcatel. Il y a tout lieu de penser qu'en plus de ses attributions bien réelles au sein de son administration, il émarge également au Vevak, qui profite ainsi de ses introductions à l'étranger.

Il ressort de ces préparatifs que les tueurs iraniens étaient en possession fin juillet de deux permis de séjour différents avec des identités distinctes. Ils pouvaient donc pénétrer sur le territoire français par deux voies différentes.

Début juillet

Un «centre opérationnel» chargé de coordonner l'affaire est mis en place à Istanbul grâce à un homme d'affaires turco☐iranien du nom de Mesut Edipsoy. En effet, ce dernier y possède un appartement et en loue un deuxième dans le quartier d'Atakoy. Les activités d'Edipsoy l'amènent à se déplacer fréquemment en Europe et aux Etats- Unis. En fait, l'enquête laissera supposer qu'il est un interlocuteur du Vevak auquel il sert d'honorable correspondant d'infrastructure (HC Infra). Il entretiendrait également des liens troubles avec le monde criminel turc.

Farydoun Boyerahmadi effectue début juillet un voyage à Istanbul. Le but de ce voyage n'a jamais été éclairci, mais il est probable qu'il a servi à régler certains détails de l'opération.

13 juillet

Un certain Zeinolabedine Sahradi arrive en Suisse muni d'un ordre de mission des Affaires étrangères délivré le 16 juin. Ce dernier stipule qu'il doit se rendre à l'ambassade l'Iran à Berne pour une période de trois mois. Il a reçu un ordre de virement de 3 872 dollars (50 000 rials) auprès de la banque Melli, précisant qu'il devait se rendre à Bern du 21 juillet au 21 octobre. La banque Melli confirmera le 10 août que la somme a bien été perçue par l'intéressé. Il sera démontré lors de l'enquête que cet individu a participé à l'exfiltration d'un des tueurs depuis la Suisse.

15 juillet
Golam Hossein Shoorideh de la Barton Company - un Iranien qui sera à l'origine de la demande de visa pour la Suisse d'un membre de la conspiration chargé d'exfiltrer un des tueurs - demande pour lui et pour

son collaborateur Ahmad Aidipour un visa de trois mois, du 20 juillet au 20 septembre, pour séjourner en France avant de se rendre en Belgique puis aux Etats-Unis pour ses «affaires». Il passe par l'intermédiaire de Mr. Peloux, un ancien diplomate français qui a été en poste en Iran. Ils se connaissent car Peloux a épousé une Iranienne dont une des soeurs est la femme de Shoorideh. C'est d'ailleurs lors du mariage de Peloux qui se tient le 25 juillet à Paris, qu'il lui demande de faciliter ses démarches pour obtenir de nouveaux visas.

24 juillet

Shoorideh et Aidipour séjournent brièvement en Suisse. Shoorideh démentira ultérieurement affirmant s'être rendu en Belgique. Il a effectivement quitté Bruxelles le 26 avant d'embarquer le 30 juillet à Roissy, à bord d'un vol à destination des Etats Unis. Il reste un « trou » dans son emploi du temps entre le 26 et le 30. C'est vraisemblablement à ce moment là qu'il effectue une dernière reconnaissance.

25 juillet

Vakili Rad, sous l'identité de Nasseri, appelle madame Salahshour depuis Téhéran pour retenir son studio situé dans un immeuble au 36 avenue d'Italie, dans le XIIIe arrondissement de Paris. Il lui louera effectivement le 2 août. Ce studio est destiné à servir de cache temporaire à Boyerahmadi après l'assassinat de Chapour Bakhtiar. En effet, Boyerahmadi ne suivra pas la même voie d'exfiltration que ses complices.

27 juillet

Boyerahmadi participe à une réunion du MNRI destinée à désigner un successeur au docteur Abdorrahaman Boroumand dans la villa occupée par Chapour Bakhtiar au 37, rue Cluzeret, à Suresnes. Une chaise vide a été laissée en symbole du disparu. Boyerahmadi y dépose des fleurs pour lui rendre hommage. Cela démontre le professionnalisme de l'intéressé qui sait qu'il va passer à l'action quelques jours plus tard. Il recueille une information particulièrement intéressante pour la suite des opérations : le jardinier et la femme de ménage seront absents en août pour leurs congés d'été. Bakhtiar sera donc seul avec son secrétaire, qui habite à la même adresse. Seuls les policiers en faction à l'entrée seront à tromper. Cela simplifie notablement le problème.

30 juillet

Azadi et Vakili Rad atterrissent à Orly et sont accueillis puis cornaqués par Boyerahmadi. Il faut dire qu'ils ne parlent pas français ce qui leur sera très préjudiciable après avoir rempli leur mission quand ils ne seront plus accompagnés par un interprète.

6 août

Entre 10 et 11 h 00 du matin, Boyerahmadi demande à louer une grosse voiture rapide pour «*rejoindre Deauville*» auprès de l'agence *Rent a Car* au 55 avenue E. Vaillant à Boulogne. Il se ravise au dernier moment.

☐ 15 h 15

Le fils aîné de Chapour Bakhtiar, Guy, quitte son père après avoir effectué un footing avec lui. Inspecteur des Renseignements Généraux (RG) depuis 1974, c'est lui qui est chargé d'organiser sa protection rapprochée. La garde est assurée par quatre policiers de la 36e compagnie de CRS de Thionville. Son père l'informe qu'il attend la visite des trois Iraniens sans faire plus de commentaires ni donner d'instructions particulières. Guy Bakhtiar ne s'inquiète donc pas car les visites sont nombreuses et toujours programmées à l'avance.

☐ 16 h 40

Le secrétaire particulier Sorouch Katibeth rentre au domicile de Suresnes après avoir fait quelques courses en ville.

-17 h 10

Farydoun Boyerahmadi, au volant de sa vieille BMW rouge, accompagné comme prévu d'Azadi et de Valiki Rad, se présente au poste de garde du 37 rue Cluzeret. Ils arborent des costumes sombres pour « faire honneur » à Chapour Bakhtiar qui pleure toujours le décès de son ami Boroumand. La maison cossue a deux étages dont le premier prolongé d'une terrasse qui donne sur le devant. Le rez-☐de-☐ chaussée est occupé par les CRS qui assurent la garde des lieux. La zone vie se trouve au premier niveau.

Chapour Bakthiar a exigé que la garde ne soit montée que devant la maison car les rondes donnant sur l'arrière le dérangent en raison des bruits de pas faits sur le gravier. De plus, il refuse catégoriquement la présence de tout policier à l'étage, même lors de la venue de visiteurs. Bien logiquement, il tient à préserver son intimité et le secret de ses rencontres. Une fois le portique de détecteur de métaux passé, l'identité des trois arrivants est vérifiée. Ils sont même soumis à une palpation de sécurité. Un paquet contenant une photo encadrée qu'ils apportent avec eux en guise de cadeau est passée au détecteur à métaux portable.

Une fois les trois visiteurs introduits auprès de Chapour Bakhtiar, le secrétaire sert le thé puis se retire en compagnie de Boyerahmadi sur la terrasse jouxtant la cuisine. Chapour Bakhtiar se retrouve alors seul avec Azadi et Valiki Rad. Tout va alors très vite. Un des deux hommes étrangle Bakhtiar écrasant son larynx. Ce dernier s'écroule en suffoquant sur le canapé sans pouvoir émettre le moindre son. Un des deux hommes va chercher dans la cuisine deux couteaux, l'un à viande et l'autre à pain. Il poignarde Bakhtiar à treize reprises avec le couteau à viande puis lui tranche la gorge et les poignets avec celui à pain. Sa montre Rolex lui est retirée, vraisemblablement en guise de preuve ou de trophée. L'horreur même de cette véritable boucherie est voulue car elle sert d'exemple. Elle est destinée à prévenir les opposants du sort qui les menace à tout instant et en tous lieux.

-17 h 45

Sorouch Katibeth revient de la terrasse. Un des deux assaillants le saisit par derrière pendant que l'autre l'étrangle par devant pour l'empêcher de crier. Comme Bakhtiar, il est ensuite poignardé puis égorgé. Les assassins nettoient ensuite soigneusement les couteaux et leurs vêtements tâchés d'éclaboussures de sang dans la cuisine. Le corps de Bakhtiar qui repose toujours sur le canapé est recouvert d'une nappe. Celui de son secrétaire est caché aux vues de la fenêtre par une corbeille à papiers. Le téléphone est décroché de manière à faire croire que Chapour Bakhtiar est en conversation.

-18 h 00

Les trois visiteurs repartent comme ils sont venus. Les CRS ne remarquent pas les taches de sang sur les costumes sombres qui sont fermés jusqu'au col.

Boyerahmadi conduit ses deux complices au bois de Boulogne où ils changent de vêtements, ceux tâchés de sang étant jetés dans une poubelle; leurs passeports sont également déchirés et jetés. Boyerahmadi les dépose ensuite à une bouche de métro puis abandonne sa voiture dans un quartier de Paris. Le véhicule sera retrouvé plusieurs jours après, ainsi que les vêtements qui ont été récupérés par une prostituée. Ces derniers permettront par la suite à la police scientifique d'identifier formellement les coupables.

En ce qui le concerne, Boyerahmadi rejoint le studio qui a été loué par Vakili Rad dans le XIIIe arrondissement de Paris. Il y restera terré jusqu'au 13 août, en attendant que l'on vienne lui fournir des faux papier pour quitter le pays.

Nuit du 6 au 7 août

Dotés d'identités turques aux noms de Musa Kocer et d'Ali Haydar Kaya, Vakili Rad et Azadi voyagent en train vers Annecy. Ne parlant pas le français, ils manquent leur correspondance à Lyon. Ils appellent la base opérationnelle d'Istanbul pour demander de l'aide

7 août

Les policiers de garde sont relevés par des collègues appartenant à la CRS 37 de Strasbourg. Ce fait qui semble de relever du pur hasard[1] peut expliquer que les nouveaux venus ne s'inquiètent pas outre mesure de ne pas voir Chapour Bakhtiar, les consignes étant nouvelles pour eux. Ils ne s'étonnent pas non plus que les cartons de nourriture livrés commencent à s'entasser dans le péristyle et que personne ne vienne, comme d'habitude, leur donner la liste des visiteurs du jour. En fait, il semble qu'aucune visite n'était programmée pour le 7 août.

Un coup de fil en Iran est passé depuis une cabine publique située au 40 avenue d'Italie à Issy-les-Moulineaux : le 987 41 21 29, une ligne connue pour être employée par le Vevak. Il semble que c'est Boyeramahdi qui a téléphoné à ses commanditaires pour rendre compte de la bonne exécution de la mission. Il avait déjà utilisé ce numéro en juillet de la même année. Toutefois, si le fait que les assassinats ne sont pas découverts immédiatement profite bien aux assassins en fuite, car ils ne sont alors pas recherchés, cela sème un doute dans l'esprit des autorités du Vevak.

La cellule d'Istanbul commence à s'affoler en se posant la question : la mission a t-elle vraiment été remplie avec succès ? De nombreux coups de téléphones sont alors passés à Téhéran, Londres, Los Angeles et à Paris. Ces appels permettront ensuite aux enquêteurs de mettre en cause les réseaux du Vevak.

-09 h 26
Fereshteh Jahanbani, une Iranienne vivant à Paris depuis 1983 est contactée depuis l'appartement loué par Edipsoy à Istanbul. En fait, cette femme est un agent clandestin recruté en 1987 par le Vevak. En effet, son domicile qui est « logé » grâce à ce coup de fil, sera perquisitionné en octobre 1991. Une grille de codage et trois stylos d'encre sympathique seront découverts. De plus, l'intéressée fera des aveux complets. Le but de l'appel reçu d'Istanbul était de lui demander de s'informer sur ce qui se disait à propos de Chapour Bakhtiar.

-13 h 40
Vakili Rad et Azadi arrivent enfin à Annecy par le train. Les deux hommes tentent alors de rejoindre Genève en taxi par le point de passage de Thônex Vallard. Ils présentent leurs passeports turcs qui auraient été délivrés par l'ambassade de Suisse à Téhéran. Les douaniers suisses qui notent des anomalies sur les visas des passeports[4] les refoulent et les confient dans la nuit à leurs homologues français. Ces derniers les relâchent presque aussitôt car aucun mandat d'amener ne pèse encore sur eux.

8 août

Les cadavres sont enfin découverts par le fils de Chapour Bakhtiar qui revient d'un déplacement. L'inspection des alentours permet de conclure qu'il n'y a pas eu de tentative d'effraction. Des recherches sont alors entreprises pour retrouver les trois visiteurs du 6 août. Leur identité est connue car consignée lors du contrôle à l'entrée. Il faut bien se rendre à l'évidence : ils ont disparu de la circulation. Un mandat d'amener est aussitôt lancé.

L'exfiltration

12 août

Azadi et Vakili Rad parviennent enfin à passer en Suisse, non sans avoir oublié une mallette dans une cabine de téléphone d'Annecy. Le contenu de la mallette sera par la suite très utile aux enquêteurs. Les deux hommes se séparent pour ne pas attirer l'attention car ils savent qu'ils sont désormais recherchés.

13 août.

Paris

Madame Shalahshour se rend à son studio et y rencontre un individu qu'elle identifiera ultérieurement comme étant Boyerahmadi. Ce dernier quitte alors l'appartement.

Genève

Le même jour, Azadi rencontre un Iranien du nom d'Akbari Bijan devant les bureaux d'Iran Air à Genève, rendez-vous qui a été programmé à l'avance. Il lui rend son passeport turc et reçoit en échange de nouveaux papiers iraniens. Vakili rate le rendez-vous de dix minutes et commence à errer dans la ville[1].

Azadi est vu dans le hall de l'hôtel l'Etoile. Il y rencontre un «homme d'affaires» iranien qui occupe la chambre n°41 sous l'identité de Ghasmi (ou Ghasemi) Nejad Nasser depuis le 9 août. Ce dernier avait obtenu un visa pour la Suisse valable du 10 juillet au 10 août via la société Comatra, sise 2 chemin de Lussex, 1008 Jouxtens Mezery (canton de Vaud). A noter que cette société avait également obtenu un visa pour un certain Ardeshir Faezi dont la présence en Suisse n'a pu être repérée lors de l'enquête. L'homme qui a demandé les visas est Hassan Shoorideh. Ghasmi Nejad Nasser avait obtenu un billet d'avion Téhéran-Genève le 29 juillet à la demande du ministère des Affaires étrangères iranien, ce qui n'est pas normal pour un simple « homme d'affaires».

En effet, le ministère ne prend en charge les déplacements que des personnages officiels. Ghasmi Nejad Nasser et Azadi partagent, à partir du 13 août au soir, une chambre à l'hôtel Jean☐Jacques Rousseau, 13 rue Rousseau à Genève. Cette chambre a été louée au préalable par un complice non identifié. La même chambre est occupée par un certain Rezage Hamid.

Le même jour, un certain Zeynalabedine (Zeyal) Sarahdi arrive à Genève. Membre de la famille de Rafsanjani, il a obtenu un visa de trois mois pour séjourner en Suisse. Il arrive à l'hôtel Bernina à Genève. Il téléphone à 19 h 53 puis à 21 h 21 à l'hôtel Jean-Jacques Rousseau, où sont descendus Ghasmi Nejad et Azadi. Il semble qu'il est en contact direct avec Nejad pour l'aider à exfiltrer Azadi. Il appelle aussi la structure clandestine d'Istanbul. Une fois arrêté par la police française en septembre, il niera s'être rendu en Suisse à ce moment là. Il affirmera même que les autorités iraniennes avaient « perdu son passeport». Le ministère prétendra durant l'enquête que Sarahdi se trouvait bien en Iran en juillet, affirmation qui ne peut être prouvée en aucune manière.

14 août.

14 h 30. Paris

Boyerahmadi rejoint un appartement situé au 1/3 rue Saint Charles à Paris, dans le XVe arrondissement. Ce studio avait été loué par un docteur iranien du nom de Djahanghir, par l'intermédiaire d'un certain Yazdi Bouroumand, à madame Shahmohammadlou. Ce dernier a expliqué qu'un ami logerait là en attente d'un visa pour les Etats-Unis. En fait, un Iranien du nom de Javanshir (et non Djavanghir) a effectué un séjour à l'hôtel Arcade à Orly du 11 au 13 août. C'est lui qui aurait loué l'appartement de la rue Saint Charles. Cela tend à démontrer qu'un individu (voire plusieurs car Yazdi Bouroumand a déclaré à Madame Shahomahammadlou séjourner également à l'hôtel Arcade d'Orly) ou une équipe de soutien se trouvait en France juste après l'assassinat.

15 août.

Paris

Madame Shahmohammadou se rend à son studio de la rue Saint Charles. Elle rencontre une personne qu'elle identifiera ultérieurement comme étant Boyerahmadi. Il utilisait alors la fausse identité d'Akbari ou Akbarian. Il quitte la France pour les Etats-Unis sous une identité fictive. Son séjour a vraisemblablement été préparé par Edipsoy, qui se rend souvent aux Etats-Unis pour «affaires». Selon les autorités françaises, la Californie, qui accueille environ 500 000 Iraniens, est une base importante pour le Vevak. Les autorités américaines gênées par ces déclarations l'admettront que plus tard.

Suisse

Azadi et Ghasmi Nejad quittent le pays à destination de l'Iran, vraisemblablement via Istanbul.

21 août

Vakili Rad, qui s'est rasé les moustaches, est arrêté par la police suisse alors qu'il erre toujours le long du lac de Genève. Il est transféré en France où il demande à appeler des numéros de téléphone qui, curieusement, ont également été joints depuis l'appartement d'Istanbul les 3 et 5 juillet. Le centre opérationnel d'Istanbul ferme, les opérateurs quittant le pays pour l'Iran.

13 septembre

Massoud Hendi est arrêté alors qu'il passe des vacances en famille à Paris. Cette inconséquence laisse à penser qu'il croyait fermement ne pas avoir été repéré par les enquêteurs.

23 décembre

Sarhadi est arrêté en Suisse. Il sera extradé vers la France cinq mois plus tard. Seuls trois mis en examen comparaissent devant la Cour de justice spéciale parisienne le 2 novembre 1994, les autres accusés ayant pu se mettre à l'abri.

Le 6 décembre, les condamnations sont prononcées. Vakili Rad et Hendi sont reconnus coupables et condamnés à la perpétuité. Par contre, Sarhadi est acquitté faute de charges recevables suffisantes. Les six Iraniens jugés par contumace (Azadi, Boyerahmadi, Edipsoy, Sheikhattar, Gholam Hossein Shoorideh Shiazinejad et Nasser Ghaseminejad) écopent d'une peine de prison à perpétuité.

Les commanditaires

Les opérations *homo,* nombreuses à l'époque, étaient réalisées avec l'aval des plus hautes autorités iraniennes. Un comité réunissait autour du Guide suprême de la Révolution - l'Ayatollah Ali Khamenei - le président Rafsandjani, le ministre des Affaires étrangères Ali Akbar Velayati et le ministre des Renseignements Ali Fallahian. Ce dernier ne cache d'ailleurs pas la politique de liquidation menée à l'égard des membres de l'opposition par le Vevak qu'il dirige. En effet, lors d'une interview à la télévision d'Etat iranienne le 30 août 1992, il déclare : « *nous les traquons également à l'extérieur du pays. Nous les maintenons sous surveillance. L'année dernière, nous sommes parvenus à infliger des coups fondamentaux à leurs plus hauts dirigeants* »..

Cette opération menée par le Vevak est exemplaire. L'assassinat s'est déroulé d'une manière tout à fait professionnelle. Comme dans bien d'autres cas, c'est l'exfiltration des acteurs qui a posé problème. C'est certainement la phase la plus délicate à préparer dans ce type d'action.

Le fait de ne pas avoir pris en compte les tueurs dès leur fuite de Paris pour les guider vers la Suisse (un départ pour l'Iran n'aurait pas été assez discret et aurait immanquablement «signé» l'opération *homo*) est une grave erreur.

Ensuite, avoir abandonné un des protagonistes sur le terrain est une faute majeure. C'est un peu le paradoxe des services secrets iraniens. Ils sont capables du meilleur (techniquement parlant) comme du pire. C'est ce qui handicape toujours leurs opérations dans la guerre secrète qu'ils mènent aujourd'hui contre Israël. Toutefois, il convient de souligner une différence de culture. Les Iraniens ne semblent pas considérer le rapatriement de leurs agents opérationnels comme une priorité.

Dans une certaine mesure, ils se moquent également que leurs opérations leur soient attribuées avec certitude. Ces deux faits font qu'ils demeurent extrêmement redoutables, particulièrement en raison des réseaux qu'ils ont su créer au sein de la communauté d'expatriés qui leur apporte son soutien de par le monde.

Les otages du Liban

Le 22 Mars 1985, trois ressortissants français sont enlevés à Beyrouth: Marcel Fontaine, vice-consul, Marcel Carton, attaché à l'ambassade, et sa fille, Danielle Perez, secrétaire au service culturel de l'ambassade. Auparavant, deux Britanniques avaient été enlevés le 14 et le 15 (ils seront relâchés le 27 et le 30), ainsi que, le 16, un Américain, Terry Anderson, directeur de l'agence Associated Press pour le Proche-Orient.

Ces enlèvements, qui sont revendiqués successivement par le Djihad islamique, puis par de mystérieuses «brigades de Khaybar», sont violemment condamnés par Nabih Berri, chef du mouvement chiite Amal, qui dénonce une manœuvre visant à brouiller la résistance nationale libanaise avec Paris.

Le 23 Mars, un autre Français, Gilles Peyroles, directeur du centre culturel français de Tripoli, est enlevé. Les Forces armées révolutionnaires libanaises (F.A.R.L.), responsables de plusieurs attentats en France, revendiquent cette action et exigent comme monnaie d'échange la libération d'un de leurs membres détenu en France. Bien que Paris refuse de céder au chantage, Gilles Peyroles est libéré le 1er avril. Entre-temps, Danielle Perez est libérée le 31 Mars.

Le 22 Mai 1985, deux Français sont enlevés à Beyrouth, sur la route qui mène de l'aéroport au centre de la ville: il s'agit de Jean-Paul Kauffmann, journaliste, envoyé spécial de l'hebdomadaire *L'Événement du jeudi,* et de Michel Seurat, chercheur arabisant qui vit depuis dix ans à Beyrouth. Ces enlèvements sont revendiqués, le 29 Mai, par le Djihad islamique qui détient déjà deux autres Français depuis le 22 mars. Le Djihad islamique a annoncé à la mi-mai qu'il serait disposé à échanger ces otages contre dix de ses membres condamnés au Koweit après les attentats du 12 décembre 1983.

Le 7 Mai 1986, Camille Sontag, ressortissant français de quatre-vingt-quatre ans, est enlevé à Beyrouth-Ouest. Huit autres Français sont retenus en otages au Liban : deux ont été enlevés le 22 mars 1985, deux autres le 22 mai 1985, puis quatre membres d'une équipe d'Antenne 2 le 8 mars 1986 dernier.

Le 2 Septembre 1986, le Djihad islamique adresse de nouvelles menaces au gouvernement français à propos des otages qu'il détient et le somme de «s'écarter de la politique américaine». Dans une cassette vidéo qui accompagne le communiqué, Jean-Paul Kauffmann, enlevé le 22 mai 1985, fait part de son «total désespoir». Six autres Français sont retenus en otages au Liban et l'Organisation de la justice révolutionnaire annonce, le 24 Septembre, en détenir un huitième, Marcel Coudari, enlevé le 27 février.

Le 4 Septembre, trois soldats français de la Force intérimaire des Nations unies pour le Liban (F.I.N.U.L.) sont tués par l'explosion d'une bombe télécommandée, près de Jouaya, dans le Sud. À la suite de cet attentat, qui survient après les affrontements du 11 août avec les miliciens chiites, le gouvernement français demande à l'O.N.U. de prendre «sans délai [...] les dispositions permettant à la F.I.N.U.L. d'exercer sa mission dans les conditions d'efficacité et de sécurité indispensables». 1 400 des 5 800 «casques bleus» stationnés dans le sud du Liban sont français. La F.I.N.U.L. a une mission de maintien de la paix et n'est donc pas autorisée à employer la force.

Le 13 Septembre, un «casque bleu» français est tué et cinq autres sont blessés par l'explosion d'une charge télécommandée sur une route du sud du Liban au passage de leur véhicule blindé. Jacques Chirac précise, le 14, que la France n'a «aucune intention de retirer son contingent de la F.I.N.U.L.», mais qu'elle exige que « les moyens de la F.I.N.U.L. soient adaptés à la mission qui est la sienne et, donc, considérablement renforcés, ou, au contraire, que la mission soit modifiée et, donc, diminuée ».

Le 18, l'attaché militaire français, le colonel Christian Goutierre, est tué à Beyrouth-Est devant l'ambassade. Cet assassinat, qui survient au moment où une vague d'attentats terroristes sévit à Paris, suscite une vive émotion en France, mais aussi dans le quartier chrétien de Beyrouth-Est, où une «grève de deuil» est très suivie, le 20 Septembre.

Le 22 Septembre, le Conseil de sécurité de l'O.N.U., réuni à la demande de la France, adopte, par quatorze voix et une abstention, celle des États-Unis, une résolution française qui demande le retrait des forces militaires israéliennes du sud du Liban et le déploiement de la F.I.N.U.L. le long de la frontière israélienne. Mais les Israéliens refusent d'envisager de quitter la «zone de sécurité» restée sous leur contrôle, d'autant plus que l'Armée du Liban Sud (A.L.S.) qu'ils soutiennent est en butte aux attaques de militants chiites pro-iraniens : quinze miliciens de l'A.L.S. ont été tués en une semaine.

Le 26 également, les deux Irakiens expulsés de Paris vers Bagdad le 19 février regagnent la France pour « poursuivre leurs études ». Certains détenteurs d'otages français au Liban avaient plusieurs fois réclamé le retour de ces opposants, « menacés de mort » en Irak.

Le journaliste et diplomate Roger Auque, il avait été enlevé par le Hezbollah en janvier 1987 avant d'être libéré le 27 novembre suivant, en même temps que son confrère Jean-Louis Normandin, aujourd'hui président de l'association «Otages du Monde» qui milite pour obtenir la possibilité pour les otages de porter plainte et d'amener leurs preneurs d'otages devant la Cour pénale internationale.

"Quand je suis libéré, je me retrouve dans le coffre d'une voiture où je rencontre -sans le voir car il fait noir- Roger Auque» raconte Jean-Louis Normandin. *«Il me dit 'on est libérés', mais je n'en suis pas sûr, et me dis qu'on peut encore être tués. On est très excités, mais très tendus aussi. C'est la guerre, et ceux qui nous conduisent sont eux aussi très tendus. Ils nous déposent sur le bord d'un trottoir. Il y a des militaires syriens. On arrive ensuite sur le site de l'hôtel Summerland où la presse est présente. Des Français nous amènent à l'ambassade de France."*

Le 24 Decembre 1986, à Beyrouth, Aurel Cornéa, l'un des quatre membres de l'équipe d'Antenne 2 enlevés le 8 mars, est libéré à Beyrouth, par l'Organisation de la justice révolutionnaire. Dans un entretien téléphonique avec sa femme, il déclare aller bien et penser que la libération de Jean-Louis Normandin, le dernier de l'équipe à rester détenu, n'« est qu'une question de jours ».

Le 25 Decembre, Aurel Cornéa arrive à Paris où il est accueilli à Orly par Jacques Chirac. Le Premier ministre, dans une déclaration, remercie l'Algérie, les Palestiniens, la Syrie et le Liban pour leur aide. Il évoque également, en ce jour de Noël, les cinq otages français encore détenus au Liban : outre Jean-Louis Normandin, les diplomates Marcel Fontaine et Marcel Carton, le journaliste Jean-Paul Kauffmann, et le chercheur Michel Seurat, dont le Djihad islamique a annoncé la mort sans en fournir la preuve.

Le 13 Janvier 1987, Roger Auque, un journaliste français qui assurait des correspondances pour R.T.L., *La Croix* et l'agence photographique Gamma, est enlevé à Beyrouth-Ouest. Il venait de «couvrir» l'arrivée dans la capitale libanaise de Terry Waite, l'émissaire britannique de l'Église anglicane, qui s'efforce d'obtenir la libération d'otages occidentaux.

Le 10 Mars 1987, François Mitterrand, hôte à déjeuner de la presse diplomatique française, déclare à propos des otages français détenus au Liban : « *Je ne veux pas échanger un assassin contre un innocent ; on ne peut pas traiter avec le terrorisme ou avec ses délégués.* »

Le 12 Mars, l'Organisation de la justice révolutionnaire (O.J.R.), dans un communiqué rendu public à Beyrouth, menace d'«exécuter » dans les quarante-huit heures Jean-Louis Normandin, dernier membre qu'elle retient en otage de l'équipe d'Antenne 2 enlevée le 8 mars 1986, si Jacques Chirac «ne clarifie» pas rapidement les propos du président Mitterrand. Tout en réaffirmant leur fermeté et leur solidarité, les autorités françaises engagent des démarches diplomatiques pour tenter d'éviter le pire.

Le 14 Mars, l'O.J.R. annonce qu'elle a «traduit en justice» Jean-Louis Normandin et que son ultimatum est repoussé de 48 heures. Le 15, Cheikh Mohammad Hussein Fadlallah, chef spirituel des chiites intégristes libanais, affirme à Beyrouth qu'il est interdit de tuer un otage. Un communiqué de l'O.J.R. annonce le 17 que cet appel ainsi que «les promesses secrètes du gouvernement français» ont entraîné le report de l'exécution de Jean-Louis Normandin.

Le 23 Mars, une cassette vidéo est remise par l'O.J.R. à Beyrouth. Elle montre Jean-Louis Normandin lisant une déclaration où il affirme qu'il n'est plus question de le tuer pour le moment, mais que seul le respect des accords conclus avec l'O.J.R. peut le maintenir en vie.

Le 29 Octobre 1987, deux gendarmes français sont tués et un troisième grièvement blessé, dans la banlieue chrétienne de Beyrouth, par deux hommes qui tirent sur eux à bout portant plusieurs rafales de pistolet. Les assassins réussissent à s'enfuir sans être identifiés.

Le 27 Novembre intervient la libération, annoncée la veille dans un communiqué de l'Organisation de la justice révolutionnaire (O.J.R.), de deux des cinq otages français détenus au Liban. Jean-Louis Normandin, le dernier des quatre membres de l'équipe d'Antenne 2 enlevée le 8 mars 1986 encore détenu, et Roger Auque, journaliste enlevé le 8 janvier 1987, réapparaissent dans la soirée dans un hôtel de Beyrouth-Ouest.

Le 28, à leur arrivée à Paris, Jacques Chirac déclare: «*Cette libération nous fait progresser vers un règlement du contentieux que nous avons avec l'Iran et donc vers un rétablissement des relations normales avec ce pays*», tout en précisant que celui-ci ne pourra toutefois s'effectuer tant que des groupes sur lesquels l'Iran peut avoir «une influence déterminante » détiennent encore des otages.

Le 30 Novembre, Français et Iraniens procèdent, sur l'aéroport de Karachi, à l'échange du consul de France à Téhéran, Paul Torri, contre l'interprète de l'ambassade d'Iran à Paris, Wahid Gordji, après que ceux-ci ont, la veille, répondu aux convocations respectives des justices iranienne et française, qui n'ont retenu aucune charge contre eux.

Cette opération met fin à la «guerre des ambassades» et devrait permettre de rétablir les relations diplomatiques franco-iraniennes rompues le 17 juillet 1987. Cependant, les jours suivants, Londres et Washington reprochent à la France de manquer à la solidarité occidentale face au terrorisme en négociant avec l'Iran.

Le 2 Février 1988, Jacques Merrin, agent de la D.G.S.E., est assassiné dans le secteur chrétien de Beyrouth alors qu'il enquêtait sur le meurtre d'un Français à Beyrouth-Est en novembre 1987.

Le 4 Mai 1988, les trois otages français retenus au Liban, les diplomates Marcel Carton et Marcel Fontaine, enlevés le 22 mars 1985, et le journaliste Jean-Paul Kauffmann, enlevé en compagnie du chercheur Michel Seurat, décédé depuis lors, le 22 mai 1985, sont libérés à Beyrouth-Ouest.

Remis à l'émissaire du gouvernement français Jean-Charles Marchiani, envoyé au Liban par Charles Pasqua, ils gagnent directement sous le contrôle d'officiers syriens l'aéroport de la capitale libanaise. Les raisons pour lesquelles les extrémistes chiites libanais qui les détenaient ont accepté de les relâcher quatre jours avant le second tour de l'élection présidentielle seraient sans doute liées à la perte d'influence de l'Iran due à ses revers militaires dans le Golfe, ainsi qu'à la crainte des intégristes pro-iraniens d'une prochaine entrée de l'armée syrienne dans la banlieue sud de Beyrouth, où sont retenus les otages occidentaux.

Le 5, Jacques Chirac, accompagné de Danielle Mitterrand, Jean-Bernard Raimond et François Léotard, accueille les trois otages sur l'aéroport militaire de Villacoublay. Le Premier ministre remercie le gouvernement iranien, le président syrien Hafez el Assad, les autorités militaires libanaises et Jean-Charles Marchiani pour leur collaboration. Il déclare que « le rétablissement de relations normales entre la France et l'Iran » – rompues en juillet 1987 en raison de l'affaire Gordji – « peut être envisagé». Il évoque enfin, pour les écarter, les « interrogations » et les « doutes » que pourrait faire naître la libération des otages. D'autre part, Jean-Bernard Raimond reçoit le même jour, au Quai d'Orsay, les ambassadeurs des États-Unis, de Grande-Bretagne, de R.F.A. et d'Italie afin d'apaiser les inquiétudes des alliés occidentaux de la France, tandis que Charles Pasqua affirme que rien de contraire aux intérêts et à l'honneur de la France n'a été abandonné aux ravisseurs.

Le 18, après sa réélection à la présidence de la République, François Mitterrand déclare en Conseil des ministres que « la parole de la France » relative à la reprise des relations avec l'Iran « sera tenue ».

Trois années au cours desquelles le visage de Marcel Fontaine, Marcel Carton et Jean-Paul Kaufman sont apparus chaque soir en ouverture des journaux télévisés. La libération des otages a été longue et difficile à obtenir. La faute à un imbroglio d'intérêts divergents qui rendaient les négociations quasi-impossibles.

Comment satisfaire les milices du Hezbollah, mais aussi les puissances étrangères qui tiraient les ficelles en coulisse: la Syrie et l'Iran. L'Iran surtout qui n'acceptait pas d'avoir été évincé par le gouvernement français du projet nucléaire Eurodif et qui réclamait réparation.

Après plusieurs tentatives vaines des services officiels, le Premier Ministre de l'époque, Jacques Chirac, envoit son émissaire spécial pour cette mission impossible: Jean-Charles Marchiani. Si le nom de Jean-Charles Marchiani a depuis été sali dans des affaires politico-financières, sa médiation a été décisive.

En plusieurs étapes, il négocie avec les principaux responsables de cet enlèvement. A Beyrouth, en Turquie,...et sa stratégie est payante. Ne reste plus qu'à aller chercher les otages. Physiquement. Seul au coeur d'un bastion du Hezbollah. Un véritable face à face dans une capitale libanaise déchirée par la guerre civile. La réception de Jean-Charles Marchiani est des plus chaudes. Kalachnikovs au poing, les miliciens sont nerveux comme l'ont décrit les otages.

Le médiateur ne se laisse pas impressioner et sort à son tour son arme. La moindre faiblesse aurait sans doute été fatale. Il n'en sera rien et les otages de retour en France dès le lendemain, accueillis par un Jacques Chirac candidat à la présidentielle du mois de mai 1988 et qui avait décidemment le sens du timing.

La négociation d'Etat à Etat

L'affaire avait commencé un an après l'enlèvement en 1985, à Beyrouth, des premiers otages français par les intégristes du Hezbollah, «Parti de Dieu», contrôlé par Téhéran et Damas. La volonté de François

Mitterrand et de Roland Dumas, alors ministre des Affaires étrangères, de négocier «d'Etat à Etat» n'a donné aucun résultat. Ni avec la Syrie considérée par Paris comme «omnipotente au Liban et qui peut tout bloquer si le processus lui échappe», ni avec l'Iran «qui couvre les ravisseurs». D'autant que le lobby irakien n'a pas ménagé ses efforts pour retarder toute amorce de dialogue avec Téhéran. La multiplication, brouillonne et sans aucune coordination réelle, des intermédiaires et autres émissaires exaspère les Iraniens. Les rumeurs sur la mort du chercheur Michel Seurat font craindre le pire pour ses codétenus.

Le 7 mars 1986, François Mitterrand téléphone donc à Eric Rouleau, ambassadeur de France à Tunis, pour lui demander de se rendre à Téhéran. Ancien journaliste du Monde, Rouleau connaît bien les dirigeants iraniens et ceux de l'OLP. Il était d'ailleurs en reportage à Téhéran, le 18 juillet 1980, quand un commando dirigé par le Libanais Anis Naccache tue deux personnes à Paris dans une tentative d'attentat contre Chapour Bakh tiar, l'ultime Premier ministre du shah. A Téhéran, quelques jours à peine après l'attentat manqué, Rafigh Doust, le futur ministre des Pasdarans (gardiens de la révolution), rencontre Rouleau. Son message est clair: «Nous tenons à normaliser nos relations avec la France. Mais cela implique que nous récupérions Naccache et ses hommes.»

Six ans plus tard, Eric Rouleau prend, dans le plus grand secret, le chemin de Téhéran pour tenter de débloquer la situation des otages. Dans sa négociation, il doit tenir compte d'un quadruple veto de Mitterrand: pas de rançon, pas de livraisons d'armes à l'Iran, pas d'expulsion de France de l'opposition iranienne, pas d'arrêt des fournitures d'armements à l'Irak que Paris soutient dans sa guerre contre l'Iran.

Auparavant, Rouleau s'est entretenu à Tunis avec Abou Iyad, le chef des renseignements de l'OLP. «Il pensait que la partie était perdue d'avance car des membres de l'opposition française étaient déjà sur place et faisaient monter les enchères», se souvient l'ex-ambassadeur. A son arrivée à Téhéran dans la nuit du 10 au 11 mars, le chargé d'affaires français Pierre Lafrance est tout aussi sceptique. Car, prévient-il, les représentants de l'opposition «l'ont précédé».

Pendant trois jours et trois nuits, les deux hommes vont néanmoins négocier - en arabe - avec Rafigh Doust, l'homme de confiance de Rafsandjani, ainsi qu'avec son bras droit, Mohammed Sadegh. Ce dernier est venu secrètement à plusieurs reprises à Paris, où il s'est entretenu notamment avec Jean-Claude Cousserand, membre à l'époque du cabinet de Roland Dumas. Paris doit notamment à Sadegh d'avoir convaincu Naccache dans sa cellule de ne plus refuser d'être libéré sans les autres membres de son commando, en plaidant auprès de lui «le devoir religieux de recouvrer la liberté dès que possible»

«J'ai placé d'emblée, raconte Rouleau, les discussions sur le terrain de la normalisation des relations franco-iraniennes, que je savais essentielle pour l'Iran. J'ai assuré que nous réglerions la dette d'Eurodif (4). Les Iraniens ont eu une autre satisfaction: la garantie que les deux opposants chiites irakiens renvoyés par la France à Bagdad reviennent à Paris, puisque le président irakien avait accepté de les "gracier".»

Doust ne réclame aucune rançon. Mais le refus catégorique de la partie française d'entrer dans toute discussion sur sa demande de livraison d'armes donne lieu à un épisode cocasse. *«Vous plaisantez, vous nous en fournissez sans cesse»*, s'amuse le ministre des Pasdarans en précisant: *«Notre problème n'est pas les armes qui nous parviennent à travers la société Luchaire, c'est qu'elles nous sont facturées trois fois leur prix.»*

Reste le point le plus épineux: la libération de «tout» le commando Naccache réclamée par Rafigh Doust. Celui-ci finira par entendre les arguments juridiques au terme desquels seule peut être envisagée une grâce présidentielle pour Anis Naccache. Très tard le 12 mars, les deux parties arrivent à un protocole d'accord qui aura le feu vert de Rafsandjani. Il prévoit un échange: «le 15 mars au matin», les otages français seront remis à Roland Dumas à Damas, une exigence du président syrien Hafez El-Assad avec lequel François Mitterrand est en contact quotidien. Le 14 au soir, Naccache gracié partirait pour Genève par avion, avec son avocat.

L'euphorie de la partie française va être de courte durée. Dans la nuit du 12 au 13, Rafigh Doust réveille Rouleau au téléphone et lui demande de passer tôt à son bureau. Le ton y sera glacial. L'entretien ne dépasse pas les cinq minutes. *«Nos accords sont annulés, oubliez tout cela»*, se borne à dire l'Iranien qui refuse toute explication. *«Rien ne nous gêne, je romps l'accord, c'est tout.»* A l'extérieur, Sadegh est à peine plus prolixe: *«Vos propositions étaient trop modestes et trop tardives. La bourse des valeurs a atteint son zénith.»*

Les Iraniens sont soucieux de préserver leurs relations avec le futur gouvernement français. Du coup, ils ne nommeront les négociateurs «parallèles» de la droite - qui «faisaient de la surenchère dans la pièce à côté» - que par un terme : «l'opposition». *«Ajoutés à de meilleures propositions, estime Rouleau, deux autres éléments ont sans doute pesé dans la décision iranienne: l'annulation à la dernière minute du départ de Bagdad, pourtant programmé, des deux opposants irakiens, comme si on avait, là aussi, suggéré à Saddam Hussein d'ajourner leur retour à Paris. Un article du Monde avait en outre troublé les Iraniens. Il envisageait l'hypothèse d'une démission de Mitterrand en cas de victoire de la droite aux législatives. Dès lors, Téhéran était fondé à se demander pourquoi ne pas "jouer" Chirac.»*

Anis Naccache

Anis Naccache avait été condamné à la réclusion criminelle à perpétuité le 10 mars 1982 pour l'attentat manqué, le 18 juillet 1980 à Neuilly, contre l'ancien premier ministre du Chah d'Iran, Chapour Bakhtiar, exilé en France. Pendant les deux premiers mois de 1979, ce dernier avait été l'organisateur de la répression - qui avait fait des centaines de morts - des manifestations populaires contre la monarchie iranienne à la veille de sa chute.

D'origine libanaise et de confession chiite, était le chef d'un commando composé de deux Iraniens, d'un Palestinien et d'un autre Libanais. Trois de ses complices avaient été condamnés à l a réclusion criminelle à perpétuité et le quatrième à 20 ans de prison. L'action terroriste avait coûté la vie à deux personnes dont un policier. Trois gardiens de la paix avaient été blessés, dont un gravement, paralysé à vie.

Anis Naccache, Mehdi Nejad Tabrizzi, Faouzi Mohamed el Satari, Mohamed Jawat Jenab, Salaheddine Mohamed el Kaara, ont bénéficié d'une mesure de grâce après avoir effectué dix ans de réclusion criminelle. Ils ont fait l'objet d'arrêtés d'expulsion du territoire français qui ont été exécutés le meme jour.

Anis Naccache s'est envolé de l'aéroport d'Orly pour Téhéran, en compagnie de ses quatre complices, à bord du Boeing-747 assurant le vol régulier d'Iran Air. Pour obtenir sa libération il a observé une longue grève de la faim, du 11 septembre 1989 au 26 janvier 1990.

Devenu, à tort ou à raison, un enjeu politique important, son nom a été régulièrement évoqué à l'occasion des négociations pour la libération des otages français détenus au Liban. Les organisateurs de la vague d'attentats terroristes qu'à connue notre pays en 1986 ont régulièrement réclamé la libération de Naccache.

En septembre 1985, à l'occasion d'une première tentative de négociations pour la libération des otages français, Mohamed Sadek, un représentant des Gardiens de la révolution iraniens avait évoqué, à Paris, l'éventualité d'un échange avec Naccache.

Attentats en France

C'est en février 1986 qu'a eu lieu la première vague d'attentats en France. Ces actions terroristes avaient été revendiqués par le «Comité de solidarité avec les prisonniers arabes du Proche-Orient» (CSPPA) qui a exigé la libération de quatre terroristes internés en France, parmi lesquels Anis Naccache. Celui-ci, dans un télégramme à son avocat, avait immédiatement condamné les attentats. En septembre de la même année une nouvelle série d'attentats meurtriers à Paris avait également été revendiqués par le CSPPA. Ces tueries - chacun a en mémoire le carnage de la rue de Rennes - avaient, au total fait 13 morts et 450 blessés.

Un passé revolutionnaire

L'étudiant, engagé très jeune dans la lutte armée contre les Israéliens, a été infiltré pour le compte du Fatah de Yasser Arafat dans les groupes extrémistes, afin de limiter la casse et éviter le discrédit de la cause palestinienne. Ainsi, Naccache avoue son implication dans la prise en otages des ministres du pétrole à Vienne en 1975, aux côtés de Carlos. Les deux chefs ont «changé le plan» de Waddi Haddad, fondateur de «Septembre Noir» et détourneur d'avions, pour se cantonner à «une opération financière» (dix millions de dollars de rançon) et éviter deux exécutions programmées.

Naccache, alias «Mazen», dit qu'il a saboté les explosifs avant l'assaut de la conférence de l'Opep dans la capitale autrichienne. En 1978, c'est «la grande déception»: le dévoué combattant ne supporte pas que le leader palestinien, Arafat, accepte le cessez-le-feu avec Israël qui occupe le Sud-Liban, son pays.

Depuis 1990, Anis Naccache a abandonné la politique pour le business, consultant entre Beyrouth et Téhéran. Et assume son passé: «Est-ce qu'il y avait une erreur quelque part? Je crois que non, c'était une destination.» Pourtant, si Naccache se dévoile aujourd'hui, c'est pour rendre des comptes à son fils appelé Mazen (son nom de guerre) qui lui reproche de l'avoir «abandonné» dix ans (de détention), pour sa «grande cause».

Moudjahidin du peuple

L'Organisation iranienne des *Moudjahidin du peuple* (Mujahedin-e Khalq) a été créée par des musulmans progressistes, en 1965, pour renverser la dictature de Mohammed Rezâ Pahlavi. Celui-ci, aidé par le MI6 britannique et la CIA états-unienne, avait mit fin, en 1953, au gouvernement socialiste de Mohammad Mossadegh qui entendait nationaliser les ressources pétrolières et redistribuer les richesses au peuple.

Il avait consolidé son pouvoir personnel grâce à une terrible police politique, la Savak, étroitement encadrée par les services anglo-saxons et israeliens. Plus de cinq cent milles personnes furent arrêtées et emprisonnées entre 1957 et 1978, tandis que des milliers d'opposants étaient victimes de tribunaux d'exception, de tortures et d'exécutions sommaires. Dans son rapport annuel de 1975, *Amnesty International* écrivait:« *Aucun pays au monde n'a de bilan pire que l'Iran [du shah] en matière de Droits de l'homme*».

Pendant cette période, les Moudjahidin du peuple développent une guérilla urbaine, tout comme les Fedayins du peuple, qui sont eux de véritables marxistes-léninistes. Les deux partis subissent en retour une répression féroce. Lors du renversement du shah, ils sont donc trop affaiblis pour pouvoir jouer le rôle politique dont ils rêvent. C'est le clergé, mobilisé derrière l'ayatollah Ruhollâh Khomeiny, qui prend les rênes du pouvoir en février 1979.

Symboliquement, Khomeiny nomme à la tête du gouvernement provisoire Mehdi Bazargan, qui a été incarcéré à quatre reprises sous l'Ancien régime pour son opposition au shah. L'Iran connaît alors un vaste mouvement d'épuration et de répression des royalistes et des policiers de la SAVAK, mais aussi une profonde révolution sociale, inspirée tout autant de 1789 et 1917 que du Coran. De nombreuses richesses sont nationalisées (banques, compagnies d'assurances, grands complexes industriels).

Les grands domaines agricoles sont occupés de façon «*sauvage*» par les paysans sans terre, et des «*conseils ouvriers*» sont élus et prennent le contrôle des usines. Soutenu par les Moudjahidin du peuple, Mehdi Bazargan, digne représentant du Bazar, le mouvement socialement conservateur prônant la libéralisation des échanges, se retrouve en porte-à-faux face au glissement toujours plus à gauche de la révolution et aux mutations accélérées de la société iranienne. Vite discrédité, il quitte le pouvoir au moment de la «*deuxième révolution*» initiée par l'imam Khomeiny dont l'objectif est de mettre fin à l'ingérence étrangère, principalement états-unienne, dans le pays.

Sur la base de documents récupérés dans les archives secrètes de l'ambassade des États-Unis à Téhéran, occupée à partir de novembre 1979 par des «étudiants islamiques», de nombreux hommes politiques et même des partis réputés «pro-occidentaux» sont menacés par le pouvoir iranien, tels que Amir Entezam, ancien vice-Premier ministre, Hassan Nazih, ancien directeur de la National Iranian Oil Company, Rahmatollah Mognadam-Maraghi, chef du Parti radical et l'ayatollah Chariat Madari, considéré comme un libéral de droite. Au final, le clergé chiite rejoue une partition déjà connue de l'histoire iranienne: asseoir son pouvoir en se faisant le champion de la cause nationale contre l'exploitation étrangère.

De facto, son opposition, qu'elle soit royaliste ou d'une autre faction révolutionnaire, se trouve en position d'allié objectif des États-Unis. Dans ce contexte, les Moudjahidin, qui sont devenus un parti de masse capable de rassembler à Téhéran 150 000 partisans et sympathisants, en juin 1979, prennent leur distance avec le comportement des étudiants islamiques, bien qu'ayant salué au départ la prise de l'ambassade états-unienne. Sous la houlette de leur leader Massoud Radjavi, ils se dressent contre l'imam Khomeiny qui, en retour, stigmatise avec virulence dans ses discours les «islamo-marxistes».

Dans le même temps, les autres mouvements d'opposition que sont les Fedayins du peuple et le Parti démocratique kurde (PDK) subissent de violentes dissidences internes: les premiers adoptent une ligne politique «anti-impérialiste» comparable à celle du parti communiste iranien Toudeh, tandis qu'au sein du PDK, «une fraction, celle-là minoritaire, s'est séparée de la majorité, dirigée par M. Abdel Rahman Ghassemlou, en l'accusant de collaborer avec l'Irak et l'OTAN».

Peu à peu, les Moudjahidin du peuple incarnent la principale formation d'opposition au pouvoir en place à Téhéran en prônant un État islamique sans la mainmise de l'appareil clérical sur le pouvoir. Se fondant sur une interprétation «socialiste» du Coran, ils développent «une vision autogestionnaire de l'organisation politique de la communauté islamique » qui «doit devenir son propre "imam"» . Le pouvoir est donc exercé à la base, et non pas par la classe des théologiens.

En raison de cette opposition idéologique forte, les Moudjahidin ne sont pas représentés ni au Conseil de la révolution, ni au sein du gouvernement provisoire de Mehdi Bazargan. Ils subissent la censure des médias à l'encontre de leurs activités et déclarations, tandis qu'une répression à peine voilée du mouvement contraint ses membres à militer dans une semi-clandestinité. La prise de contrôle de tous les postes de pouvoir par le Parti de la République islamique (PRI) soutenu par Khomeiny et dirigé par l'ayatollah Behechti accélère la marginalisation politique des Moudjahidin.

Le déclenchement en septembre 1980 de la guerre Iran-Irak par les troupes de Saddam Hussein, poussé par Washington et ses alliés atlantistes, rend la situation intérieure encore plus tendue. Le président iranien, Bani Sadr, adversaire du PRI, est menacé et les religieux craignent qu'il ne s'allie avec les Moudjahidin. En mars 1981, de violents affrontements à l'université de Téhéran voient les partisans du président être rejoints par des membres du mouvement de Massoud Radjavi, contre des hommes de main du PRI. Le conflit au sommet de l'État tourne à l'avantage des théocrates, qui destituent le président Bani Sadr, le 10 juin 1981.

Celui-ci se réfugie dans la clandestinité, tandis que les Moudjahidin se font menaçants. Le 28 juin 1981, un attentat, qui leur est attribué, décime les dirigeants du PRI, tuant l'ayatollah Behechti ainsi que quatre ministre, six ministres adjoints et le quart du groupe parlementaire du PRI. Dans la foulée le mouvement subit une vague d'arrestations, des militants de gauche, dont de nombreux Moudjahidin, sont exécutés, tandis que de multiples attaques armées sont lancées contre le régime. Massoud Radjavi se réfugie à Paris, avec le président Bani Sadr, en juillet 1981. François Mitterrand vient juste d'accéder à la présidence de la République.

Alliés objectifs de la France et des États-Unis, les Moudjahidin du peuple vont perdre tout soutien populaire en Iran et commencer leur lente dérive. Ils deviennent le bras armé de «l'Occident» face au régime islamique, dans la «guerre» que vont se livrer Paris et Téhéran autour du règlement du contentieux Eurodif. L'Iran avait en effet accepté, en 1974, de prêter un milliard de dollars à la France, par l'intermédiaire du Commissariat à l'énergie atomique (CEA). Cette somme devait servir à construire une nouvelle centrale nucléaire à Pierrelatte. En échange, l'Iran se voyait ouvrir le capital d'Eurodif, où elle détenait une minorité de blocage.

De plus, Téhéran obtenait l'accès à 10 % de l'uranium enrichi produit à Pierrelatte et pouvait ainsi envisager d'accéder au statut de puissance nucléaire. La France, qui avait signé cet accord avec l'Iran du shah, refuse de l'honorer une fois l'ayatollah Khomeyni au pouvoir. Celui-ci va donc exercer une importante pression sur Paris pour obtenir satisfaction, en multipliant les attentats, les assassinats ciblés et les échanges de prisonniers.

Les Moudjahidin du peuple permettent, à l'inverse, à la France et aux États-Unis de frapper des cibles sur le sol iranien. Devenus des mercenaires, ils trahissent leur pays et soutiennent l'Irak dans le conflit sanglant qui l'oppose à la République islamique. Ils vont même jusqu'à installer sur les terres de Saddam Hussein leurs principaux centres d'opération, en 1987.

Mais la multiplication des attentats iraniens sur le sol français pousse Paris, et notamment le gouvernement de Jacques Chirac intronisé en mars 1986, à négocier avec Téhéran. Officiellement, les Moudjahidin du peuple vont alors servir de monnaie d'échange entre les deux pays pour la libération des otages français au Liban. En réalité, ils subissent surtout les dommages collatéraux des négociations franco-iraniennes autour de la coopération nucléaire, comme étape intermédiaire pour une « normalisation» des relations diplomatiques. Ils servent donc d'écran de fumée pour empêcher que soient révélés les réels enjeux des négociations. Mais les conséquences qui vont les frapper sont bel et bien réelles.

Ainsi, en juin 1986, le chef des Moudjahidin du peuple, Massoud Radjavi, est expulsé de Paris vers Bagdad, à la grande satisfaction des responsables iraniens, tels que Ali Ahani, directeur pour l'Europe et l'Amérique au ministère des Affaires étrangères iranien. Il ne s'agit pourtant pas là d'une bonne nouvelle pour Téhéran, puisque le leader des Moudjahidin signe, peu après, un accord avec Saddam Hussein.

L'organisation continue ses actions terroristes sur le sol iranien, assassinant, en février 1987, un responsable provincial chargé de l'éducation, Ali Iranmanesh. Trois jours plus tard, l'Irak renonce pour deux semaines à bombarder les villes iraniennes quotidiennement attaquées jusque-là par les chasseurs bombardiers irakiens. Selon un communiqué officiel, cette décision a été prise suite à la demande formulée par le chef des Moudjahidin, Massoud Radjavi, auprès du président Saddam Hussein, «au nom des masses iraniennes et de leurs forces militant contre le régime iranien». Un tel recours aux Moudjahidin pour justifier une trêve avait déjà eu lieu, en juillet 1985, en invoquant « une demande formulée par M. Radjavi ».

Malgré l'engagement militaire des Moudjahines iraniens aux côtés de l'Irak contre leur propre pays, ils seront, dans les mois qui suivent, lâchés par la France et des États-Unis. En avril 1987, le porte-parole du département d'État, Charles Edgar Redman, affirme qu'il «ne voit pas de *raison»* de soutenir un mouvement qui *«prône la violence»* et a *«une longue histoire de terrorisme».* Il ressort à cette occasion l'épisode selon lequel les Moudjahidin auraient *«assassiné au moins six Américains»* lors des années d'opposition au shah, et souligne qu'ils ont réalisé un certain nombre d'actes terroristes en Iran, notamment des attentats à la bombe en juin et août 1981 qui ont fait *«beaucoup plus de cent victimes».*

Le 22 avril 1987, le département d'État états-unien annonce dans la continuité *«que ses récents contacts avec des représentants de cette organisation ne représentent pas un changement dans la politique américaine à l'égard du terrorisme»* .

En août 1987, alors que cinquante-deux membres du Congrès états-unien demandent au secrétaire d'État, George Schulz, de soutenir les Moudjahidin du peuple dans leur lutte contre le régime de l'imam Khomeiny, Phyllis Oakley, porte-parole du département d'État affirme que si les *«États-Unis déplorent les excès du régime Khomeiny (...), ils n'approuvent pas pour autant l'usage de la terreur et de la violence par des groupes d'opposition»,* préparant le terrain à une réponse négative de la part de la diplomatie états-unienne .

En décembre, c'est la France, par la voix de son ministre de l'Intérieur Charles Pasqua, qui fait expulser plusieurs dizaines d'opposants iraniens au régime de Téhéran, et notamment des membres des Moudjahidin du peuple. Le Premier ministre, Jacques Chirac, déclare: « *L'Iran est irrité à juste titre par l'abus du droit d'asile de la part d'un certain nombre de réfugiés iraniens».* Le porte-parole des Moudjahidin met directement en cause les négociations secrètes entre Paris et Téhéran: *«Le gouvernement français est en train de payer, pour ses otages, une lourde rançon aux tortionnaires de Khomeiny et à son régime chancelant. La résistance iranienne et le peuple d'Iran n'oublieront pas ces actes inamicaux (...). Nous payons le prix d'un marchandage qui n'honore personne, ni la France, ni l'Iran. »* .

La décision des autorités françaises suscite de nombreuses réactions d'indignation de la part d'associations ou d'hommes politiques souhaitant prendre la défense des Moudjahidin. C'est le cas du Haut commissariat pour les réfugiés (HCR), qui demande à connaître les motifs de la mesure d'expulsion ainsi que des précisions sur les personnes concernées. La CIMADE, France Terre d'Asile, le GISTI et la Ligue des Droits de l'Homme protestent. Trois avocats, Mes Henri Leclerc, Jean-Philippe Mignard et Francis Teitgen dénoncent la *«vassalisation de notre droit aux volontés de l'ayatollah Khomeiny»,* tandis que Jack Lang s'enflamme: *«Honte à Pasqua. Honte au gouvernement Chirac qui, par* ce geste indigne, renie le droit d'asile et pactise avec la dictature de Khomeiny ».

Lionel Jospin, alors premier secrétaire du Parti socialiste, évoque une expulsion *«brutale»* et demande des explications au gouvernement. Le député socialiste, Louis Mexandeau, attaque Charles Pasqua dans l'hémicycle : *«Vous avez payé aux autorités iraniennes un pourboire ou un acompte en monnaie iranienne: l'unité de compte est le réfugié iranien ou kurde !»* La réponse du ministre de l'Intérieur est cinglante : « C'est votre droit, M. Mexandeau, de vous déclarer solidaire des Moudjahidin du peuple qui, aujourd'hui, combattent le régime de Khomeiny, comme ils l'ont aidé hier à prendre le pouvoir. Vous aurez du mal à les présenter comme des démocrates authentiques et on peut imaginer quel régime s'instaurerait en Iran s'ils prenaient le pouvoir, mais ce n'est pas mon problème. Mon problème, c'est que, en tant que ministre de l'Intérieur, je ne puis tolérer que l'on se livre sur notre sol à des opérations, à un chantage et à des menaces tendant à faire régner la terreur dans une autre partie de la communauté iranienne »*.

Cette levée de boucliers de la part de la Mitterrandie amène à s'interroger sur les rapports qu'elle entretient, depuis 1981, avec l'organisation iranienne. Elle est relayée, sur la scène internationale, par de violentes critiques de la part de parlementaires britanniques, états-uniens et italiens. Margaret Thatcher, alors Premier ministre britannique, s'inquiète même publiquement de ce qui pourrait apparaître comme une *«prime»* aux preneurs d'otages. Jacques Chirac y répond en affirmant que la France refuse de transiger avec l'Iran et en démentant avoir payé une rançon pour le retour des otages Jean-Louis Normandin et Roger Auque, mettant *«au défi»* ceux qui disent le contraire, notamment *«dans la presse anglo-saxonne, pour des raisons précises qui n'ont pas changé depuis Lawrence d'Arabie»*

Le président François Mitterrand va d'ailleurs révéler sa position en janvier 1988, en apportant officiellement son soutien aux réfugiés iraniens, au terme d'une rencontre avec Jean-Pierre Hocké, haut-commissaire au réfugié, qu'il assure de son *«plein soutien»*. Dans le même temps, Danielle Mitterrand reçoit *«longuement les familles des réfugiés iraniens expulsés»* et se rend, en tant que présidente de l'association France-Libertés, sur les lieux mêmes où les opposants iraniens font la grève de la faim. La presse rappelle alors avec délectation que Charles Pasqua avait lui-même signé en juillet 1985, en tant que sénateur, un texte de soutien aux Moudjahidin du peuple de Massoud Radjavi.

Autre sujet d'interrogation, la destination choisie pour les expulsés: ceux-ci sont envoyés vers le Gabon, une décision prise à Antibes, lors du sommet franco-africain, au terme de négociations entre Jacques Foccart, alors conseiller de Jacques Chirac pour les affaires africaines, et le président gabonais Omar Bongo, en présence du général Imbot, directeur de la DGSE.

Des opposants iraniens continuent néanmoins de résider en France, notamment Chapour Bakhtiar, le dernier chef du gouvernement impérial, et Abolhassan Bani Sadr, l'ancien président de la République islamique. Finalement, sept des quinze expulsés sont rapatriés en France, au terme d'une campagne de mobilisation internationale, relayée par la presse, non seulement en France, mais aussi aux États-Unis et au Royaume Uni.

La répression de l'Iran envers les Moudjahidin engagés aux côtés des forces irakiennes ne faiblit pas. En août 1988, lors d'une offensive dans le centre-ouest de l'Iran, ils perdent plus d'un millier d'hommes tandis que sept personnes sont exécutées à Batharan pour avoir «*collaboré avec les membres de ce mouvement qui avaient envahi la région*». De nombreux prisonniers politiques sont également exécutés début 1989 et Kassem Radjavi (frère de Massoud) est assassiné à Genève, le 24 avril 1990.

Repliés sur eux-mêmes, les Moudjahidin sont devenus une sorte de secte militaire, placée sous l'autorité d'un couple tout-puissant, les Radjavi, secondé par un groupe de femmes sans pitié. Ils sont entre 6 000 et 8 000 vivant en communauté dans des bases fermées, installées en plein désert. En 1991, à l'issue de la Guerre du Golfe, l'Irak de Saddam Hussein, laissé exsangue mais debout par les États-Unis, doit réprimer la révolte des chiites et des kurdes contre le gouvernement ba'assiste. Pour cette opération, Saddam Hussein pourra compter non seulement sur la passivité des États-Unis (qui ont laissé les hélicoptères irakiens décoller alors même que l'espace aérien devait être verrouillé), mais aussi sur le fanatisme des Moudjahidin devenus exécuteurs des basses œuvres de son régime.

Le *New York Times* relate ainsi le témoignage de Karim Haghi, ancien garde du corps de Massoud et Maryam Radjavi, selon lequel «*on nous a expliqué que si ces révoltes parvenaient à renverser Saddam Hussein, ce serait la fin de notre mouvement. Maryam Radjavi nous a conseillé de les tuer avec des tanks afin de garder nos balles pour d'autres opérations.*».

Le 5 avril 1993, des ambassades ou des institutions iraniennes sont la cible d'attentats dans 13 pays. Ils sont attribués aux Moudjahidin, qui n'ont pourtant pas la capacité opérationnelle des les perpétrer tous simultanément. La presse de l'époque présente cette action de grande ampleur comme une riposte à un bombardement d'un camp des Moudjahidin en Irak. Il est plus probable qu'il s'agisse d'une opération plus complexe: Téhéran aurait commandité au Jihad islamique un attentat contre l'ambassade d'Israël à Buenos Aires, le 17 mars, faisant 29 morts et 200 blessés. En rétorsion, Tel Aviv aurait commandité aux Moujahidines du peuple des attentats contre des ambassades iraniennes.

En novembre 1993, la présence sur le sol français de la femme de Massoud Radjavi suscite une crise diplomatique entre la France et l'Iran. Le mouvement des Moudjahidin continue d'être violemment combattu par la République islamique, tandis que l'organisation réalise des opérations de représailles sur place, tel que la destruction de onze oléoducs en juin 1993, en réponse à l'assassinat de l'un de ses membres à Karachi, au Pakistan. Téhéran appelle à l'expulsion immédiate de Maryam Radjavi, le 9 novembre, et le même jour, l'ambassade de France et les locaux d'Air France à Téhéran sont visés par deux attentats, faisant deux blessés légers. Ils sont revendiqués par le « Hezbollah du sud de Téhéran».

Peu de temps après, le ministre turc de l'Intérieur annonce l'expulsion des Moudjahidin du peuple et des opposants kurdes iraniens se trouvant dans son pays. La donne a changé, et le mouvement iranien n'y a plus sa place. Comment comprendre autrement le refus opposé par le gouvernement d'Édouard Balladur à l'extradition vers la Suisse de deux Iraniens soupçonnés d'avoir assassiné Kazem Radjavi sur le sol helvétique ? La raison invoquée est lapidaire: il s'agit, selon le gouvernement, de protéger «les intérêts supérieurs de l'État». On découvre à cette occasion, la dérive sectaire de l'organisation : pour « tenir» les membres en exil en Occident, les Radjavi les contraignent à confier leurs enfants à d'autres membres, situés dans d'autres pays.

Les États-Unis eux-mêmes prennent leurs distances. Après avoir fait ressurgir le spectre des six ressortissants états-uniens assassinés par l'organisation du temps du shah, les autorités accusent Razi Ahmed Youssef, un des auteurs présumés de l'attentat de 1993 contre le World Trade Center, d'être également responsable de l'attentat contre le mausolée de l'imam Reza en Iran, le 20 juin 1994, qui avait fait vingt-cinq morts et soixante-dix blessés. Une action attribuée aux Moudjahidin du peuple par Téhéran.

En juin 1995, c'est au tour de l'Allemagne de refuser à Maryam Radjavi l'entrée sur son territoire pour un *meeting* d'opposants iraniens à Dortmund. L'Iran profite de l'embellie diplomatique pour s'attaquer frontalement aux Moudjahidin : en mai 1995, ce sont deux dirigeantes du mouvement qui sont assassinées à Bagdad. En juillet, Téhéran bombarde la principale base militaire de l'organisation et fait tuer trois membres du mouvement à Bagdad. L'Iran réclame en parallèle à Saddam Hussein qu'il lui livre Massoud Radjavi, toujours présent sur le sol irakien. Le 31 juillet, deux attentats attribués aux Moudjahidin secouent Téhéran, non loin du siège de l'Assemblée suprême de la révolution islamique en Irak, un mouvement d'opposition chiite au régime de Bagdad.

En 1997, le département d'État états-unien de Madeleine Albright place la branche politique du mouvement, le Conseil National de Résistance Iranienne, sur sa liste des organisations terroristes. La décision survient dans le cadre d'une tentative de rapprochement irano-états-unienne sur fonds d'intérêts pétroliers. D'après *Le Figaro*, l'Iran est à l'époque le principal bénéficiaire de plusieurs contrats signés par Total et par Shell, que l'administration Clinton souhaite laisser passer sans appliquer les sanctions extra-territoriales votées en 1996 par le Congrès : face à celui-ci, écrit le quotidien français, *«les ténors du lobby pétrolier, tel l'ex-secrétaire d'État James Baker, sont peut-être en train d'imposer leur vue : dans la course au pétrole et au gaz de la Caspienne, les compagnies américaines traînent la loi D'Amato-Kennedy comme un boulet»*. La même année, l'accession à la présidence de Mohammad Khatami, plutôt apprécié par Washington, est considérée comme un camouflet pour les Moudjahidin, qui appelaient au boycott du scrutin.

Lâchée par leurs appuis extérieurs, les Moudjahidin n'abandonnent pas le combat. En 1998, ils revendiquent l'attentat contre le Tribunal révolutionnaire de Téhéran et l'attaque manquée du quartier général des Gardiens de la Révolution. En août, ils assassinent Assadollah Ladjervardi, ancien procureur des tribunaux révolutionnaires et ex-directeur de la plus grande prison d'Iran. En 1999, c'est le siège du ministère des Renseignements qui est visé par une attaque au mortier, puis le général Ali Sayad Chirazi qui est assassiné en avril. En juin, l'Iran réplique en tirant trois missiles sol-sol de longue portée sur une des bases des Moudjahidin située sur le sol irakien, à 110 kilomètres au nord de Bagdad.

Téhéran peut compter, dans sa lutte, sur le soutien de la France : lors de la visite du président Khatami à Paris, en octobre 1999, les autorités françaises déploient un important dispositif de sécurité et procèdent même à des opérations de police contre les opposants iraniens, en gage de bonne volonté. Une démarche qui suscite cette réaction indignée de

Me Henri Leclerc, président de la Ligue des droits de l'homme. Selon lui, l'action contre les Moudjahidin est à mettre en parallèle avec l'arrestation de manifestants tibétains et de membres de Reporters sans frontières lors de la visite officielle du président chinois, Jiang Zemin. Il ajoute même :« *L'Iran est l'un des pires régimes du monde pour les atteintes aux libertés* ».

Devenus inutiles en eux-mêmes, les Moudjahidin vont à nouveau devenir une monnaie d'échange diplomatique permettant à l'Iran de refaire surface sur la scène internationale. En mars 2002, Téhéran conclut ainsi un accord avec Ankara: la République islamique place le Parti des travailleurs du Kurdistan (PKK) sur sa liste des organisations terroristes, tandis que la Turquie fait de même avec les Moudjahidin du peuple.

Les deux pays procèderont par la suite à des échanges de prisonniers appartenant aux deux mouvements, en gage de coopération. Les États-Unis eux-mêmes vont collaborer avec l'Iran sous couvert de *«guerre au terrorisme»*. Malgré les démentis des officiels iraniens, plusieurs diplomates occidentaux font ainsi part, en décembre 2002, de la participation de leur pays au renversement du régime des Talibans afghans, honnis par Téhéran. Selon ces diplomates, l'Iran aurait été jusqu'à communiquer aux responsables états-uniens des informations sur le programme d'armement chimique irakien, lors d'une rencontre tenue secrète à Paris.

Les États-Unis auraient de leur côté cherché à s'assurer de la coopération de l'opposition chiite irakienne après l'invasion du pays. En échange de ces garanties, Washington se serait engagé à éliminer la menace des Moudjahidin du peuple.Effectivement, le 15 avril 2003, les forces de la Coalition bombardent, dans le pays nouvellement conquis, les bases des Moudjahidin du peuple. Cependant, il semble bien que ni l'Iran, ni les Etats-Unis, n'aient décidé d'honorer, au final, leurs engagements initiaux. La minorité chiite en Irak apparaît en effet bien plus active que ne le souhaiterait l'administration états-unienne et a, en conséquence, été la cible de plusieurs attentats meurtriers. Par ailleurs, l'armée états-unienne aurait, avant d'attaquer les camps d'entraînement des Moudjahidin, averti les occupants de quitter les lieux afin d'éviter toute perte. Mieux, le 22 avril, les forces de la Coalition signent un cessez-le-feu avec l'organisation, une initiative saluée par Massoud Radjavi et violemment critiquée par Téhéran.

C'est que l'organisation compte de nombreux soutiens aux États-Unis, particulièrement dans les rangs des faucons prêts à s'allier avec quiconque pourrait participer au renversement du régime iranien. Un article de *Newsweek* de septembre 2002 faisait ainsi état d'un rapport des services états-uniens consacré aux liens de Saddam Hussein avec des organisations terroristes. Il n'y était fait aucune référence à Al Qaïda, mais bien aux Moudjahidin du peuple, ce qui n'a pas manqué de plonger dans l'embarras les responsables états-uniens dont certains sont connus pour en être des sympathisants. Sa façade états-unienne, le Conseil national de résistance iranien, qui a son siège à Washington dans les locaux du National Press Building, a pourtant elle aussi été placée sur la liste des organisations terroristes en 1999 par le département d'État.

D'après *Newsweek*, le mouvement bénéficierait du soutien de plus de deux cents membres du Congrès, mais aussi de celui de l'actuel secrétaire à la Justice, John Ashcroft. Lors d'une manifestation du mouvement devant l'ONU, pour protester contre un discours du président Khatami, John Ashcroft et Chris Bond, tous deux républicains du Missouri, avaient rédigé un communiqué de solidarité avec les Moudjahidin, lu et acclamé en public à cette occasion. Une photographie de John Ashcroft figure également dans une plaquette de présentation du mouvement distribuée au Capitole. Un autre de ses soutiens n'est autre que le sénateur démocrate du New Jersey, Bob Torricelli, qui a été accusé par son adversaire républicain, Doug Forrester, d'avoir reçu 100 000 dollars des Moudjahidin pour financer sa campagne. Depuis le 11 septembre 2001, ces soutiens se sont logiquement faits plus rares.

Le journal parlementaire états-unien *The Hill* recense, dans un article paru en avril 2003, les élus états-uniens qui continuent de défendre les Moudjahidin. Parmi ceux-ci, on trouve Ileana Ros-Lehtinen, présidente républicaine de la sous-commission aux relations internationales consacrée au Proche-Orient et à l'Asie centrale, mais aussi le congressman républicain du Colorado Tom Tancredo, Edolphus Town, Gary Ackerman, Lincoln Diaz-Balart et Sheila Jackson Lee. Des connexions politiques qui expliquent l'inertie états-unienne face aux Moudjahdines. D'après le département de la Justice, les représentants d'une organisation que le département d'État qualifie de terroriste ne sont pas nécessairement en violation de la loi fédérale, comme l'a expliqué l'un des porte-parole de l'équipe de John Ashcroft : « *Le simple fait qu'un groupe soit désigné comme* [une organisation terroriste étrangère] *ne rend pas nécessairement ce groupe illégal*». Au contraire, l'organisation est même recensée par le département de la Justice en tant que lobbyiste sur le Foreign Agents Registration Act.

Dans le cadre de la guerre au terrorisme, les Moudjahidin sont un véritable enjeu politique pour la diplomatie états-unienne. Un laxisme de Washington sur ce dossier remettrait en cause le bien-fondé de sa lutte contre le terrorisme international. C'est pour cette raison qu'à la suite des opérations policières menées simultanément en Australie et en

France contre les Moudjahidin du peuple, au début de l'été 2003, le département d'État et le département du Trésor ont attaqué à leur tour l'organisation en août, fermant ses bureaux et gelant ses comptes bancaires. Aujourd'hui, alors que le régime iranien se retrouve confronté à une grave crise institutionnelle, la tentation est grande pour les faucons de Washington d'avoir une nouvelle fois recours à son bras armé pour déstabiliser la République islamique. La participation des Moudjahidin du peuple, aux côtés des troupes de Saddam Hussein, aux massacres de la guerre Iran-Irak et à la répression des insurrections chiites et kurdes de 1991, a depuis longtemps carbonisé la légitimité de l'organisation auprès de la population iranienne. L'idée de les voir associés d'une quelconque manière à l'exercice du pouvoir à Téhéran ne peut que faire frémir les observateurs avertis de la vie politique iranienne.

La rafle du 2003

En 2003, la DST a mobilisé 1 500 hommes, dont des unités d'élite, comme le GIGN et l'OCRB pour interpeller 150 résistants iraniens, dont la moitié étaient des femmes.

Rien qu'en 2001, il y a eu 195 attaques et attentats contre l'Iran, revendiqués depuis Auvers-sur-Oise. Ils avaient envisagé des actions en dehors de l'Iran, visant notamment des représentations diplomatiques iraniennes en Europe. La guerre contre l'Irak et la chute de Saddam Hussein, protecteur des Moudjahidin, a été la cause directe de l'opération , a reconnu le patron de la DST. «*Avant même la guerre, nous avons vu des gens arriver d'Irak. Début 2003, Maryam Radjavi (épouse et codirigeante de l'organisation, ndlr) est revenue à Auvers-sur-Oise avec des hauts cadres. Puis de véritables militaires sont arrivés.*» En Irak, l'OMPI disposait d'une armée propre de 10 000 hommes.

Selon les services français de renseignements, l'objectif des Moudjahidin était de transférer dans le Val-d'Oise leur «centre opérationnel mondial», jusqu'à présent installé à Bagdad. Si les perquisitions de la vingtaine de sites du Val-d'Oise n'ont pas permis de découvrir d'armes ni d'explosifs, la villa des Radjavi était toutefois «un véritable fort Chabrol». «*Nous avons été surpris par les dispositifs de sécurité, a affirmé Pierre de Bousquet de Florian. Nous y avons découvert entre 8 et 9 millions de dollars en liquide, ainsi que des moyens de communication cryptés.*» Sur les 165 personnes interpellées, toutes ont été relâchées sauf «*22, qui étaient les cibles qui nous intéressaient*».

Des extraits du rapport de la Direction de la Surveillance du territoire (DST) etait publiés par *Le Figaro*. Un rapport qui justifie l'action policière en présentant l'organisation comme extrêmement dangereuse. Même les immolations par le feu auraient été planifiées.

"L'OMPI se livre sur le territoire français à de nombreuses activités présentant un caractère clandestin, sectaire et délictueux, voire criminel. En France, cette organisation compte deux à trois cents militants et sympathisants. Son «noyau dur» est constitué de quelques dizaines de militants.

L'organisation a pu démontrer sa capacité de mobilisation à l'occasion de multiples actions de protestation (match de football Iran-États-Unis à Lyon en 1998, visites de dirigeants iraniens à Paris, notamment celle de Khatami en 1999, et de parlementaires iraniens en février 2001), des spécialistes de manifestations de rue étant spécialement venus d'Irak.

L'OMPI n'a pas de représentation légale en France. Elle existe de fait, et son action s'organise par le biais de nombreuses associations, déclarées ou non déclarées, qui servent de couverture à ses membres. Quatorze associations ont été ainsi répertoriées. Elles sont composées de membres de l'OMPI dont certains sont apparus dans les réseaux de financement de l'organisation, notamment: HRM, NM, BRS, ATZ, SR. Certaines n'ont aucune activité notable. En revanche, une d'elles retient particulièrement l'attention, l'association Iran Aide.

L'OMPI utilise comme paravent le Conseil national de la résistance iranienne, et dispose d'un gouvernement en exil, domicilié également 17, rue des Gords à Auvers-sur-Oise. Son leader, Massoud Radjavi, est représenté en France par Saleh Radjavi. Les membres les plus actifs de ce gouvernement sont: Mohammad Mohadessine, président de la commission des Affaires étrangères, Abol Ghassem Rezai alias Moshen, responsable politique, et Ibrahim Zakeri, président de la commission du contre-espionnage et de la sécurité. Ce dernier est récemment décédé.

Depuis 1998, l'OMPI, devenu le principal parti d'opposition au régime de Téhéran, a perdu de son influence politique. Elle a radicalisé son action et multiplié les attaques à caractère militaire et terroriste en Iran. Le 2 juin 1998, l'OMPI envoyait un communiqué en français revendiquant l'attentat commis dans le bureau du procureur de la Révolution à Téhéran. Une dizaine de personnes avaient été tuées ou blessées. Le 3 juin 1998, dans un autre communiqué en français, le mouvement revendiquait, par le même procédé, une attaque au mortier contre le quartier général des Pasdaran. Deux mois plus tard, une dépêche reçue au bureau de l'AFP à Nicosie revendiquait l'assassinat, le 23 août 1998, d'Assolah Ladjevardi, ancien responsable de la prison d'Evin en Iran.

En 2001, l'OMPI a revendiqué 195 attaques contre l'Iran. L'organisation s'attribue de nombreux attentats commis en Iran par voie de communiqués émanant de la base française de l'OMPI, diffusés soit par fax, soit sur le site Internet de l'organisation.

Après les attentats du 11 septembre 2001 aux États-Unis, l'OMPI a cessé de revendiquer des attentats commis en Iran pour éviter que l'organisation ne soit assimilée aux organisations terroristes. L'OMPI diffuse, en France, cinq journaux ou revues qui ne font l'objet d'aucun enregistrement auprès du dépôt légal. Il s'agit d'Iran Zamin, Iran Libération, Le Lion et le Soleil, Les Nouvelles d'Iran et Mojahed. Ce sont des journaux qui font essentiellement de la propagande de l'organisation.

Le plus connu, le journal Mojahed, interdit par arrêté du ministère de l'Intérieur en février 1999, continue de circuler de façon illégale sur notre territoire, véhicule un discours particulièrement violent à l'égard du régime. La distribution de Mojahed est effectuée par les membres de l'organisation. Nous avons pu relever certains titres très vindicatifs qui appellent ouvertement à l'élimination physique des principaux dirigeants de la République islamique d'Iran, tels que «Mort à Khamenei», «Mort à Khatami», «Mort à Rafsandjani».

Ces titres illustrent de manière concrète et significative la dangerosité et la nature vindicative du discours tenu par les dirigeants de l'OMPI au travers du journal. Le ton des articles montre que la circulation en France de ce journal constitue un risque à l'ordre public car il incite les lecteurs au meurtre des principaux dirigeants de l'Iran qui sont susceptibles de se rendre en voyage officiel en France. Selon une source, Mojahed serait imprimé et édité en Grande-Bretagne.

La domiciliation est au 17, rue des Gords à Auvers-sur-Oise. L'adresse de la boîte postale du journal se situe 2, bis, rue Dupont de l'Eure, à Paris, 20e. A cette adresse, est domiciliée la société ABC Live dont la raison sociale est la domiciliation d'entreprise auprès de laquelle les journaux envoyés aux militants, qui ont changé d'adresse, sont retournés et récupérés régulièrement par M. A. M. R. ou F. A. T.

Pour toutes ses activités, c'est-à-dire la gestion de son patrimoine immobilier, de ses moyens de communication, le déplacement de ses militants, l'entretien de son armée en Irak, l'OMPI a besoin d'un budget *important. Selon nos renseignements, l'organisation n'utiliserait pas d'argent d'origine frauduleuse. Par contre, l'OMPI et certains de ses membres font l'objet de poursuites judiciaires pour avoir détourné, notamment en Allemagne, des primes destinées à de jeunes enfants. Ces sommes ont été utilisées pour l'achat d'armement nécessaire à ses militants et terroristes en Irak.*

Une partie du financement provient des collectes de fonds organisées auprès de particuliers et d'expatriés iraniens à partir des représentations de l'OMPI en Europe, en Amérique du Nord et au Moyen-Orient. Une autre partie vient des dons de ses membres, obligés de verser régulièrement de l'argent à l'organisation, et enfin de Saddam Hussein, le principal financier, dont l'aide était estimée à plusieurs centaines de millions de dollars.

L'identification des filières de financement de l'organisation des Moudjahidin du peuple d'Iran s'avère malaisée. L'organisation a mis en place des circuits financiers internationaux complexes dont l'opacité rend difficile leur lisibilité. L'origine des fonds et leur destination finale sont souvent inconnues. Il y a manifestement là une volonté de masquer les opérations financières de l'organisation dont les membres semblent se complaire dans la clandestinité.

Les moyens financiers des Moudjahidin du peuple d'Iran transitent ainsi par le biais d'un réseau complexe de comptes bancaires en France, en Europe, en Amérique du Nord et au Moyen-Orient. Les titulaires de ces comptes sont soit des personnes physiques, soit des personnes morales, domiciliées pour certaines en France.

En ce qui concerne les personnes morales, l'association Iran Aide, dont la raison sociale est humanitaire, collecte des fonds auprès de particuliers sur le territoire national et reverse leur quasi-totalité sur des comptes bancaires de personnes physiques à l'étranger, plus particulièrement en Turquie et aux Émirats arabes unis, pays où l'on perd toute trace de leur destination finale. Fortement soupçonnée de financer l'effort de guerre de l'OMPI et les opérations terroristes en Iran, l'association fait ainsi sortir cet argent du cadre associatif, au préjudice de son statut initial et de sa raison sociale.

Des renseignements de diverses sources concernant les flux financiers montrent des mouvements de comptes qui s'alimentent entre eux, fonctionnant en boucle et dont on ne connaît pas l'origine avec précision. Par exemple, un compte est crédité de fonds en provenance de Jordanie, de Belgique, d'Allemagne, etc., puis débité des mêmes sommes vers des comptes en France, Allemagne, Danemark, Norvège, Italie, Grande-Bretagne, Suisse, Luxembourg, États-Unis, etc.

L'examen des comptes de certains membres de l'organisation révèle une certaine complexité. Le volume important d'argent brassé par ces individus est en totale inadéquation avec leur situation. Ils sont en général sans profession réelle, sans activité commerciale, inconnus de l'administration fiscale et des différents organismes sociaux. Les titulaires des comptes sont donc très difficiles, voire impossibles, à localiser. Ils sont tous domiciliés à des adresses de complaisance où, en réalité, ils ne résident pas

Nous avons pu constater que de nombreux membres de l'OMPI, recrutés et installés en France, se rendaient régulièrement en Irak où se trouvent les camps de l'Armée de libération nationale de l'Iran (ALNI), branche armée de l'OMPI.

Nous avons pu établir que les membres peuvent utiliser de faux documents ou de fausses identités et empruntent plusieurs itinéraires pour se rendre en Irak, soit en passant par la Jordanie, l'Égypte ou la Turquie, soit en transitant par différents pays européens tels la Belgique ou les Pays-Bas. Ces procédés de nature clandestine visent à éviter le contrôle de leurs déplacements. Les militants effectuent en Irak des stages de formation politique et militaire.

Des combattants de l'ALNI venus d'Irak séjournaient régulièrement au quartier général de l'OMPI à Auvers-sur-Oise, tandis que d'anciens combattants aujourd'hui établis en France sont toujours actifs au profit de l'organisation.

Suite aux attentats du 11 septembre, Washington a maintenu l'OMPI sur la liste des organisations terroristes et a demandé le gel de ses avoirs. On rappellera que l'OMPI figure également sur la liste des organisations terroristes britanniques et, depuis mai 2002, sur la liste européenne. Depuis, les moudjahidin utilisent le sigle du Conseil national de la résistance iranienne (CNRI), organe politique de l'OMPI dont le secrétaire général est Maryam Radjavi.

Par le passé, les autorités de Bagdad s'étaient servies à plusieurs reprises de l'ALNI comme milice supplétive pour assurer la défense du pays, comme ce fut le cas durant la guerre contre l'Iran ou dans la répression de ses minorités après la guerre du Golfe. Lors de la dernière guerre en Irak, l'ALNI n'a pas participé aux combats contre les forces américaines.

En France, les moudjahidin se montrent prudents et méfiants. Malgré tout, ils ont agressé une délégation de parlementaires iraniens en visite dans notre pays en 2001. Ces derniers temps, ils multiplient les réunions et réfléchissent à des actions spectaculaires afin d'attirer l'attention des médias sur le sort des populations en Iran.

Selon des informations récentes, en cas d'attaque anglo-américaine, l'OMPI avait envisagé de multiplier les manifestations, de planifier des opérations contre des objectifs iraniens en Europe (ambassades, consulats...) et de procéder à l'élimination physique d'anciens membres du mouvement collaborant avec les services de renseignement iraniens (Vevak).

De même, lors de leurs dernières réunions, aurait été évoquée la possibilité d'un recours aux opérations suicides (immolations par le feu). Suite à l'intervention en Irak et à la chute du régime de Saddam Hussein, les cadres et militants de l'OMPI et de l'ALNI ont fui ce pays et nombre d'entre eux se sont installés en Europe et en France. Maryam Radjavi, secrétaire générale de l'OMPI et présidente du CNRI, a regagné la France. Elle est titulaire d'une carte de séjour «réfugiée» valable jusqu'en 2006, établie sous le nom de X. X. épouse X. X. (...).

Elle dispose de nombreux alias. Actuellement, 90 personnes fréquenteraient le quartier général d'Auvers-sur-Oise. D'autres sont attendues. Afin de les loger, des réservations ont été faites dans les gîtes autour d'Auvers-sur-Oise, dans le Val-d'Oise. La société Algéco a été sollicitée par les moudjahidin dans la perspective de rajouter des bungalows dans le camp, rue des Gords. Plusieurs centaines de mètres carrés ont été loués par l'organisation dans le Val-d'Oise pour se réorganiser sur le territoire français."

Vevak

Le 11 Fevrier 2010, le tribunal correctionnel de Paris rejetait la plainte d'Ehsan Naraghi, Jahangir Shadanlou et Manoutchehr Shalali contre Yves Bonnet, ancien directeur de la DST pour les avoir présentés comme des agents du ministère du Renseignement des mollahs, dans son livre « Vevak, au service des ayatollahs ». Le tribunal rejetait de la même manière les 350.000 euros de dommages et intérêts qu'ils avaient demandés.

Dans deux jugements séparés, le tribunal a débouté Shadanlou et Shalali, accordant la relaxe à M. Bonnet. Ce dernier avait présenté Manoutchehr Shalali comme un agent infiltré du Vevak et des gardiens de la révolution iranien et Jahangir Shadanlou, comme agent recruteur du Vevak.

Dans une plainte séparée, Ehsan Naraghi pointait sur neuf cas de diffamation. Dans deux cas concernant la participation directe à la torture psychologique des prisonniers politiques et la présentation d'autres agents du Vevak à la justice française pour témoigner contre des opposants, le tribunal a conclu que M. Yves Bonnet n'avait pas fait preuve de suffisamment de prudence. Mais quant au reste, la justice n'a pas jugé diffamatoire le fait de mentionner l'affiliation d'Ehsan Naraghi au parti Toudeh lié au KGB, à la Savak du chah et au Vevak des mollahs, et son rôle dans la campagne de diabolisation des opposants.

Outre la structure du Vevak et son rôle dans la répression et le terrorisme, M. Bonnet dénonçait pour la première fois dans son ouvrage le réseau des agents du Vevak en Europe et surtout en France. Il révélait aussi leur rôle dans le lobby du régime et la campagne de désinformation contre la résistance iranienne. C'est pourquoi le Vevak voulait par le biais de ces plaintes, blanchir ses agents pour la suite de leurs agissements.

Le procès s'est déroulé les 17 et 18 décembre. François Colcombet, ancien magistrat, Sid Ahmed Ghozali, ancien Premier ministre algérien, Claude Silberzahn, ancien directeur général de la DGSE, Michel Olas, ancien directeur adjoint de la DST, Manoucher Hezarkhani,

Le livre d'Yves Bonnet, l'ancien directeur de la DST, intitulé « le Vevak au service des ayatollahs », a pour la première fois levé le voile sur ce terrible service d'espionnage. Cet ouvrage permet de familiariser le public avec son histoire et son fonctionnement,

Il fallait attaquer ce livre pour assurer la poursuite en France des activités des agents du Vevak mais parle aussi des méthodes et donne parfois des noms. Il explique comment par exemple les sociétés écrans sont efficaces en matière de terrorisme et de collecte de renseignement, comment le Vevak s'investit dans le harcèlement et le retournement d'opposants, ou comment la désinformation et la diabolisation de l'opposition auprès des cercles politiques et des médias deviennent les objectifs premiers de l'appareil.

Il fallait donc attaquer ce livre et son auteur pour assurer la poursuite en France des activités des agents du Vevak. Le régime iranien avait confondu ses tribunaux avec ceux de France. L'enjeu de ce procès en diffamation n'était pas l'honneur de trois agents, mais les activités du Vevak tout entier dans l'hexagone.

D'où l'extrême omniprésence du régime iranien et de son ambassade dans ce procès, jusqu'à son président, à travers la lettre que lui a adressée l'un des agents. Incontestablement derrière les trois parties civiles se trouvait le régime iranien jusqu'au financement des honoraires de l'avocat dont les factures sont envoyées à la présidence.

C'est pourquoi les décisions de ce procès vont porter un coup très dur au Vevak. En plein soulèvement populaire, confrontés à des défections en cascades et menant des purges à tout rompre dans ses propres rangs, le régime et son appareil répressif misent tout ce qui leur reste pour paralyser la Résistance. Pour cela il a besoin d'une trop grande liberté d'action en Europe, qu'il faut lui refuser sans hésiter.

Extraits de la lettre d'Ehsan Naraghi à Ahmadinejad datée du 27 mai 2009

"A son excellence Monsieur Mahmoud Ahmadinejad,(...) Il y a douze ans, dès l'élection de M. Khatami, je lui ai proposé en tantque conseiller et proche collaborateur du Secrétaire général de l'Unesco, de présenter convenablement la République islamique d'Iran, de l'inviter à prononcer un discours à la conférence bisannuelle de l'Unesco (...)M. Khatami a prononcé un discours trèsintéressant et attirant dans cette assemblée.

Ceci, alors que les Moudjahidine du peuple,comme d'habitude, ont tenté de saboter et ont manifesté très durement contre sa présence et son discours à l'Unesco. (...) Avant de quitter Paris, M. Khatamim'a proposé de préparer un plan pourlutter contre ces éléments inconvenableset de planifier un programme. J'ai accepté cette proposition précieuse avec un parfaitconsentement.

J'ai commencé à rédigerune enquête sérieuse avec la collaboration de professeurs et d'écrivains de renom en occident, j'ai rédigé une étude sur lesvéritables antécédents d'actions, de penséeet d'état d'esprit des Moudjahidine et leur opportunisme qui écartent tous les principesmoraux et se consacraient exclusivement au service de leur objectif. Ainsi j'ai pu endépensant beaucoup de temps suffisant,rédiger et écrire huit livres en respectant lesprincipes scientifiques (...)

Avec le concours de la Présidence dela République iranienne, j'ai procédé au recrutement d'habiles avocats du barreaupour qu'ils puissent démontrer devant les tribunaux européens, l'innocence des victimes des agissements inhumains et lesméthodes brutales des Moudjahidine à l'intérieur comme à l'extérieur du pays (...)

Malheureusement, au terme de la présidence de M. Khatami, notre activité a étéstoppée. Par conséquent, les Moudjahidineont pu avec de nombreux crédits financiers et en utilisant des hommes d'influence anti-iraniens à l'étranger, arriver à radier le nom de l'organisation des Moudjahidine de la liste européenne des organisations terroristes.

Heureusement des personnes éclairées et des justiciers ont empêché ceci en France et aux Etats-Unis. Mais récemment l'organisation des Moudjahidine a réussi à corrompre un ancien officier de police qui dirigeait le service du contre espionnage français, et qui se trouve depuis des années à la retraite, pour publier un livre intitulé "le Vevak, ministère des renseignements au service des ayatollahs" avec une photo de l'Imam Khomeiny en couverture (...) Deux nuits de suite, sousl'influence des Moudjahidine, ce faux auteur est apparu sur deux chaînes de télévision et deradio très célèbres européennes et françaiseset a présenté son livre et attaqué l'Iran et lesIraniens (…)

Pour empêcher le progrès et l'applicationdes programmes futurs des Moudjahidine en France et même en Europe, à mon avis, la seule voie c'est qu'un avocat, juriste illustre, qui maîtrise totalement la langue françaisesoit recruté pour suivre judiciairement cetteaffaire et en coordination et collaborationavec l'ambassadeur d'Iran en France, poursuivre juridiquement et sérieusement cettequestion. En collaboration et concertationavec les avocats, je suis le premier à me consacrer à rédiger une plainte juridiqueauprès des instances judiciaires françaises, contre l'auteur du livre mentionné. (…)

Naturellement sur ce sujet, je suis disposé à collaborer et à présenter mes conseils pour que ce dossier soit avancé dans les instances juridiques françaises de la meilleure manièrejuridique et légale et empêcher la parution de livres de ce type et des activités de ce genre.

En conclusion, j'espère qu'avec l'aide et le soutien de votre Excellence, les responsablesiraniens seront plus actifs pour que nouspuissions ensemble dénoncer et prouverauprès des instances juridiques françaises,des hommes politiques, des penseurs et del'opinion publique en France et en Europe,les futilités et les falsifications de ce livre et la propagande mensongère des Moudjahidine."

Le lobby

Impopulaire en Iran, désavouée par les animateurs la Révolution verte, l'Organisation des Moudjahidines du Peuple Iranien (OMPI) - engagés dans la lutte armée contre le régime de Téhéran - est parvenue à rallier à sa cause une majorité de députés français. Notamment depuis l'assaut meurtrier lancé par l'armée de Bagdad sur son camp d'Ashraf, en territoire irakien. Chercheurs et experts dénoncent les méthodes de lobbying d'un mouvement encore considéré comme terroriste aux Etats-Unis.

"Quand ils tiennent un parlementaire, ils ne le lâchent pas." Nathalie Goulet, sénatrice de l'Orne (Union Centriste), a dû demander à plusieurs reprises l'évacuation des couloirs du Palais du Luxembourg, investis par les militants de l'OMPI *"Il s'agit d'une organisation dangereuse, qui viole les consciences,* accuse t-elle. *Les élus français signent leurs pétitions sans connaître le sujet, parce qu'ils se font harceler à la sortie des séances."*

C'est ainsi que 320 députés sur 577 auraient signé un appel invitant l'Etat français à reconnaître l'OMPI comme seule force alternative au régime de la République islamique. Une conférence a réunie à la Maison de la Chimie, à Paris, des parlementaires autour de la dirigeante des Moudjahidines, Maryam Radjavi, histoire d'officialiser ce soutien. Six jours plus tard, une pétition rédigée par Jean-Pierre Michel, sénateur socialiste de la Haute-Saône, circulait sous les lambris de la Haute Assemblée afin de recruter de nouveaux alliés.

Un activisme qui est dénoncé par Yann Richard, professeur émérite à l'Université de la Sorbonne, et auteur d'ouvrages de référence sur l'Iran et le chiisme : *"Ils tirent profit de l'ignorance des députés et prétendent incarner la seule organisation de résistance en Iran, ce qui est faux. Ce mouvement ne représente aujourd'hui plus rien politiquement. Ses militants n'ont joué aucun rôle dans la Révolution verte",* soulèvement civique consécutif à la réélection frauduleuse, au printemps 2009, du président sortant Mahmoud Ahmadinejad.

Persécutés par le régime iranien, les Moudjahidines du Peuple ont fondé en 1981 à Auvers-sur-Oise (Val d'Oise) un *"parlement en exil"*: le Conseil national de la résistance iranienne. C'est de là que le mouvement, et sa figure de proue Maryam Rajavi, vénérée comme une quasi-divinité, organisent un intense travail de lobbying.

"On nous accuse d'être une organisation dangereuse, mais la Cour européenne des Droits de l'Homme nous a blanchis en 2009», objecte Afchine Alavi, porte-parole des Moudjahidines. «Nous ne figurons plus sur la liste des organisations terroristes de l'Union européenne. Et la justice française a délivré en mai un non-lieu au profit des militants poursuivis depuis 2003, après une rafle à grand spectacle. Si nous n'avions aucun impact en Iran même, pourquoi l'appareil répressif du régime, qui craint l'efficacité de nos réseaux, s'acharnerait-il sur nos membres et leur famille ?"

Depuis, l'état-major des Moudjahidine a orchestré une douzaine de rassemblements à Londres, Paris, Berlin, Bruxelles et même Washington. Selon le *Wall Street Journal*, certains des orateurs apparus à la tribune auraient été rémunérés plus de 25.000 dollars (17.500 euros) par discours. Parmi eux, ont trouvait l'ancien maire de New-York, Rudy Giuliani, et l'ex-directeur de la CIA, James Woolsey.

Jean-Pierre Brard, député apparenté PCF de Seine-Saint-Denis, qui a quant à lui participé à plusieurs meetings sur le sol français, nie toute contrepartie. A l'en croire, son engagement est désintéressé et inconditionnel. "*Je ne sais pas d'où vient leur argent, esquive-t-il, et ça ne me concerne pas. Pour éliminer le fascisme, la résistance est toujours légitime, et elle a le droit d'utiliser tous les moyens. assure-t-il. La seule chose qui m'importe c'est l'instauration d'un régime démocratique et laïque.*"

Jean-Pierre Perrin, grand reporter au quotidien *Libération* et fin connaisseur de l'échiquier persan, réfute avec véhémence cette logique: "*L'OMPI est un groupe islamo-marxiste, au fonctionnement sectaire et antidémocratique, plus fanatique que celui des mollahs. Les parlementaires français sont ignares en matière de politique internationale. Leur soutien aux Moudjahidines est très inquiétant»*

Les avis restent partagés quant à la réalité de l'organisation et de son action politique. En 2012, Yves Bonnet, l'ancien directeur de la DST, publie *Le Grand Complot*. Il défend l'idée selon laquelle la France aurait bafoué ses valeurs démocratiques lors de la perquisition de juin 2003 dans les locaux de l'OMPI, pour satisfaire les intérêts économiques de ses plus grandes entreprises. Des contrats juteux auraient été rendus possibles grâce aux négociations effectuées entre la DST et le VEVAK (services secrets iraniens). En soumettant l'OMPI à la lutte anti-terroriste, la France se serait donné les moyens de satisfaire le régime iranien, afin de trouver des débouchés dans le secteur énergétique. La perquisition de juin 2003, et les procédures judiciaires lancées contre l'OMPI ont abouti à un non-lieu.

Néanmoins, François Nicoullaud, ancien ambassadeur de France à Téhéran, souligne que des milliers de dollars en liquide ont été retrouvés aux sièges de l'organisation. Le financement de cette résistance reste opaque. Selon Afchine Alavi, porte-parole de l'OMPI en France, « *Il s'agit uniquement de dons d'Iraniens en Iran et d'Iraniens de la diaspora.* » «*Difficile de croire que de telles activités soient uniquement financées par des dons de particuliers*», souligne Karim Pakzad, chercheur sur l'Iran à l'Iris.

Elle a, depuis plusieurs années, renoncé à la violence et collaboré avec les services secrets américains. L'OMPI est alors devenue pour certains spécialistes un lobby, soit un groupe d'individus motivés par un intérêt commun, et reliés par une entreprise de revendication auprès d'institutions. D'imposants congrès, rassemblant des milliers de sympathisants, ont régulièrement lieu à Paris, ou en région parisienne. Ils ont pour coutume d'inviter des personnalités pour soutenir leur organisation.

Le *Wall Street Journal* avait révélé il y a quelques années que plusieurs personnalités américaines comme Rudolph Giuliani ou Wesley Clark avaient reçu entre 25 000 et 40 000 dollars pour soutenir publiquement les Moudjahidines. Aux États-Unis, l'organisation est connue sous l'acronyme MeK. La *Iranian-American Community of North California* apporte son soutien à l'OMPI et finance les services d'un puissant cabinet d'avocats, l'Akin Gump Strauss Hauer & Feld LLP, dans le but de réhabiliter l'OMPI.

Le travail de lobbying des moudjahidines du peuple iranien constitue leur principale ressource en terme de soutien politique. Pour changer l'image de l'OMPI, les leaders n'hésitent pas à coopérer avec les forces étrangères. Respectivement en 2009 et en 2012, le Conseil de l'Union européenne et les États-Unis ont retiré l'OMPI de leur liste terroriste. Cette décision fait suite à une coopération entre l'OMPI et les services de renseignements américains. En effet, en 2002, l'OMPI révèle que l'Iran a caché l'existence d'une usine d'enrichissement d'uranium à Natanz à l'Agence internationale de l'énergie atomique (AIEA). L'OMPI s'est donc avérée cruciale dans l'ouverture du dossier sur le nucléaire iranien, et dans la crise diplomatique entre l'Iran, les États-Unis et l'Union européenne.

Clotilde Reiss

Bien avant l'arrestation de Clotilde Reiss le 1er juillet 2009 à Téhéran, les services spécialisés du ministère de la Défense avaient averti Bernard Poletti, l'ambassadeur de France en Iran, contre les risques d'envoyer de jeunes chercheurs enquêter sur des sujets sensibles, alors que les relations entre Paris et Téhéran étaient exécrables depuis longtemps.

La mise en garde conjointe de la DGSE et de la Direction des Renseignements Militaires avait été lancée en 2008 après qu'un étudiant, lié à un centre de recherches parisien, eut passé plusieurs semaines à travailler sur l'influence croissante des Gardiens de la révolution dans l'économie iranienne. Ce sont eux qui, sous l'autorité du guide suprême et du Conseil national de sécurité, ont la haute main sur le programme nucléaire. «*L'Iran est un pays où il faut faire très attention à ne pas trop s'exposer*», affirme un spécialiste qui a longtemps vécu en République islamique.

La DGSE est réputée avoir une connaissance fine de l'Iran, loin des a priori idéologiques ou des idées reçues, qui ont cours aujourd'hui dans certains cercles dirigeants français. Cette expertise remonte au début des années 2000, lorsque l'ambassadeur Jean-Claude Cousseran dirigeait la «Piscine». Il avait commencé sa carrière à Téhéran au moment de la Révolution islamique en 1979, avant de jouer un rôle dans les négociations entre Paris et Téhéran pour la libération des otages français au Liban au milieu des années 80. Depuis, il a su garder l'oreille de certains hauts responsables iraniens.

La chercheuse Clotilde Reiss a été libérée sous caution de la prison d'Evin à Téhéran. Emprisonnée pendant quarante-sept jours, condamnée pour espionnage, elle a été libérée sous caution le 16 août 2009 contre le versement de 200 000 euros avec interdiction de quitter Téhéran. Considérée par Paris comme une otage du régime, elle sera retenue dix mois avant de pouvoir rentrer en France, le 15 mai 2010.

Sous contrôle judiciaire, elle etait «hébergée» à l'ambassade de France dans l'attente de son procès. Mais les dernières déclarations de Nicolas Sarkozy – « *les Iraniens méritent mieux que leurs dirigeants actuels*» - risquent encore d'alourdir le contentieux entre Paris et Téhéran. D'autant que les Iraniens n'ont pas apprécié certains épisodes, qui ont marqué sa sortie d'Evin, en particulier la photo la montrant un verre de champagne à la main en train de célébrer sa liberté quasi retrouvée à l'ambassade de France. «*Un choix malheureux*», lâche un homme d'affaires bon connaisseur des mœurs iraniennes.

Pierre Siramy, ancien sous-directeur de la Direction générale de la sécurité extérieure (DGSE), a accusé sur la chaîne d'information LCI Clotilde Reiss "*d'avoir travaillé au profit de la France pour collecter des informations*" sur l'Iran. «*Elle a travaillé au profit de la France pour collecter des informations qui étaient de nature de politique intérieure et d'autres qui étaient sur la prolifération nucléaire. Elle est immatriculée à la DGSE*».

Il est revenu à la charge sur Europe 1: «*Ce que je dis clairement, c'est que Clotilde Reiss a travaillé, beaucoup, pour la France. Ce n'est pas une espionne. C'est un contact de notre représentant. Concrètement, elle faisait des rapports sur des éléments d'ambiance sur le pays dans lequel elle était*».

De son vrai nom, Maurice Dufresse, ancien officier de marine, il a travaillé pendant un quart de siècle à la DGSE. Il a d'ailleurs signé son livre sous le pseudonyme qu'il utilisait à la DGSE. Il explique avoir été informé par les contacts qu'il garde dans son ancienne maison.

La DGSE «*dément formellement*» les déclarations de son ancien cadre. «*C'est complètement faux. Il dit n'importe quoi.*» assure-t-on à la «Centrale».

Que Clotilde Reiss ait eu des échanges avec du personnel de l'ambassade de France à Téhéran est plus que probable. Le contraire eut d'ailleurs été étonnant et on se demanderait alors à quoi servent les services, diplomatiques ou autres, s'ils ne parlaient pas avec toutes les sources possibles.

Une jeune Française, bien introduite dans les milieux étudiants et se rendant à Ispahan au moment des grandes manifestations contre le régime, est en effet une source d'information. Qu'elle ait parlé avec des diplomates, conseiller scientifique ou chef de poste de la DGSE - qui ne se présente pas forcément comme tel - relève de l'évidence. Tout au plus, elle a pû être «*un contact utile*» fournissant des «*éléments d'ambiance*».

Clotilde Reiss a commis, avant son arrestation des «*imprudences*», notamment dans ses échanges de mail avec son père. Celui-ci travaillait alors à la Direction des applications militaires (DAM) du Commissariat à l'énergie atomique (CEA), où il s'occupait de programmes immobiliers. Grâce à lui, Clotilde a pu faire un stage à la DAM et rédiger un rapport sur... le nucléaire iranien. La DAM est l'organisme public qui produit les armes atomiques françaises et dispose de l'expertise dans le domaine de la prolifération.

Dans les derniers mails échangés, le père conseillait à sa fille de confier son ordinateur portable à l'ambassade de France, pour qu'elle le fasse rentrer par la valise diplomatique, lui évitant ainsi les tracasseries à la douane, lors de son départ de Téhéran. Manifestement, les services iraniens lisaient les mails de la famille Reiss...

Le ministère de la Défense a déposé plainte contre Maurice Dufresse pour violation du secret de la défense nationale, à la suite de la publication de son livre. La plainte a été déposée le 22 avril 2010, avant les déclarations concernant Clotilde Reiss.

Selon Pierre Siramy, c'est par patriotisme que Clotilde Reiss se serait d'elle-même présentée à l'ambassade dès son arrivée en Iran. Un engagement que les autorités locales auraient découvert, d'après lui, en scrutant sa correspondance par internet avant de l'arrêter le 1er juillet 2009.

Clotilde Reiss avait été arrêtée le 1er juillet 2009 à l'aéroport de Téhéran alors qu'elle rentrait en France après avoir travaillé cinq mois comme lectrice à l'université d'Ispahan, dans le centre de l'Iran. Elle s'était vu reprocher d'avoir transmis des informations sur les manifestations post-électorales en Iran l'été 2009, d'avoir ainsi compromis la sécurité nationale et d'avoir participé aux rassemblements anti-gouvernementaux. Des accusations "hautement fantaisistes" pour Nicolas Sarkozy qui avait exigé sa libération immédiate.

Le gouvernement français a par ailleurs démenti "catégoriquement" tout lien entre Clotilde Reiss et les services de renseignement français, par la voix de Bernard Valero, porte-parole du ministère des Affaires étrangères. "*Ce n'est pas une espionne. C'est un contact de notre représentant à Téhéran. Elle faisait des rapports sur des éléments d'ambiance et dans le domaine de la prolifération. Elle l'a fait volontairement*", a-t-il affirmé sur la radio Europe 1. Le porte-parole adjoint du ministère de la défense, le général Christian Baptiste, a également démenti cette affirmation. "*Clotilde Reiss n'a jamais travaillé pour la DGSE, ce n'est pas une source de la DGSE*", a-t-il assuré.

«*Pas au sens classique du terme* », précise l'auteur de 25 ans dans les services secrets avec le journaliste Laurent Léger, « *mais comme un contact en mesure de faire remonter des informations de terrain concernant la politique intérieure et la prolifération iranienne*».

A la différence d'autres ex-otages, Clotilde Reiss n'entend pas faire commerce de son malheur. Mais elle veut néanmoins témoigner: «*C'est une très grande prison. A l'extérieur, il y avait une foule de gens et j'ai compris que c'était les parents des prisonniers qui attendaient d'avoir des nouvelles de leurs enfants, savoir s'ils étaient arrêtés ou pas. Ils m'ont emmenée à la section 209, celle des politiques. Dans une petite cour, entre quatre murs, on m'a d'abord mise toute nue comme si j'étais une véritable espionne. J'ai eu droit à des vêtements d'homme XXL, beaucoup trop grands. Ils n'en avaient plus assez pour les prisonniers, tant ils étaient nombreux.»

«La cellule où j'ai passé mes quarante-sept jours est une petite pièce de 8 m2 avec juste un robinet et une moquette - donc c'était très sale -, où chacune des quatre détenues avait deux couvertures et une brosse à dents. On dormait par terre. Une seule fenêtre en hauteur de manière à ce que la lumière puisse entrer mais qu'on ne puisse pas voir l'extérieur. C'était notre petite maison. On l'avait bien organisée. Dans un coin, les vêtements, dans un autre, les aliments. On en faisait notre nid de protection».

«L'une de mes premières phrases a été de leur demander si on était torturé. Très vite, elles m'ont rassurée. C'étaient trois filles qui souriaient. J'ai compris par la suite que leur survie passait par là. Quand d'autres filles arrivaient, on essayait toujours de faire bonne figure. Car, si on se retrouve avec quelqu'un qui va mal, on va toutes aller mal. On riait de choses très dures, comme ces semaines pendant lesquelles il ne se passait quasiment rien, sans interrogatoire, sans aucune nouvelle. J'aimais beaucoup leur faire des massages car on avait mal partout. Toute la journée se passait, soit en position debout, soit en position assise, c'était très fatiguant.»

Les interrogateurs

«J'en avais trois : le méchant, le gentil et celui qui écrit. Le premier était le plus âgé, c'est le révolutionnaire ancienne génération, le musulman qui s'habille très simplement, chemise et pantalon gris. Le deuxième, plus jeune, c'était plutôt le type "service de renseignement", habillé tout en noir avec de belles bagues, très soigné, les chaussures brillantes. On a les yeux bandés mais on arrive à voir les pieds, les pantalons et, des fois, on arrive à soulever le bandeau. On vient te chercher dans ta cellule et ça, c'est une angoisse terrible. Il ne se passe rien et tout d'un coup la gardienne vient te dire : "Toi, t'as un interrogatoire, habille-toi." La peur au ventre, tu dois quitter ton pyjama, mettre ta tenue de prisonnière: bandeau, tchador, chaussettes - on ne doit pas voir tes pieds ou tes cheveux. La gardienne t'accompagne au bout du couloir, les yeux bandés.»

«On te fait asseoir face au mur, les yeux bandés. Les questions de prédilection portent sur les gens que tu connais. On te pose les mêmes, vingt ou trente fois, mais de façon différente et, une fois, qu'on a tiré le maximum de toi, on t'en pose une par écrit : "Tu nous répètes tout ce que tu nous as dit." C'est comme ça qu'on se retrouve à dire des choses qu'on ne veut pas dire. Mes interrogatoires duraient quatre heures. La grosse voix du méchant me faisait peur. Le gentil, lui, n'était pas si gentil. Il se présentait comme ton ami, en te disant : "Si tu parles, je ferai tout pour que tu sortes." C'est beaucoup plus vicieux.»

«Physiquement, ils ne m'ont pas menacée, mais m'ont fait subir des pressions morales, un chantage affectif. On me disait : "Tu peux rester ici des années." Je répondais aux questions le plus brièvement possible et je ne leur demandais jamais quand j'allais sortir. Car toute question de ce genre, c'est ouvrir la porte à des tortures psychologiques. Chaque fois que je leur ai demandé pourquoi j'étais arrêtée, on me répondait : "Tu sais très bien pourquoi." On se protège par le silence.»

«L'activité principale, c'était soit la douche, soit la sortie en plein air de quinze minutes. Et les interrogatoires où l'on va de sueur froide en sueur froide avec des vêtements en coton, par 35 degrés. On discutait, on chantait, on prenait les repas en les faisant durer le plus longtemps possible. On a eu les meilleures conditions de détention. Le plus difficile, c'était de voir le temps passer à ne rien faire, c'était insupportable.»

Le procès

«Il a duré cinq heures et pendant une heure le président a prononcé une diatribe d'une violence incroyable. J'avais l'impression d'être au Jugement dernier, d'être condamnée avant même de m'être exprimée. C'était le jour le plus dur de ma vie. Ce qui était atroce, c'est qu'on était avec une centaine de prisonniers qui étaient tous fatigués. On voyait les cheveux blancs qui avaient poussé, la fatigue. Ils n'avaient pas vu la lumière pendant des semaines, c'était des gens qui, comme moi, ne comprenaient rien. J'ai vu un jeune homme de 19 ans aller à la barre et dire qu'il avait eu des activités terroristes. Et moi je me disais : de tels aveux sont passibles de la peine de mort et, pour en arriver là, quelles conditions il a dû vivre. Ce garçon était très maigre, très pâle, très affaibli, J'avais l'impression d'assister à un jugement sur la place publique où on crée des faux coupables. Le garçon et un autre qui comparaissaient en même temps que moi ont été pendus en janvier. On m'a forcée à avouer des choses que j'avais faites mais avec des mots qui n'étaient pas les miens. Ils voulaient montrer que les étrangers avaient un rôle dans tout ce qui se passait.»

Le 15 Mai 2010 la jeune Française a été condamnée à deux peines de cinq ans de prison pour atteinte à la sécurité nationale et avoir remis des informations et des photos de manifestations de l'opposition à des étrangers, mais cette double peine a été immédiatement commuée en simple amende de 285.000 USD par "une décision de clémence" du régime.

Ali Vakili Rad

A peine Clotilde Reiss, retenue en Iran depuis 2009, a-t-elle foulé le sol français, que le ministre de l'intérieur, Brice Hortefeux, renvoie dans son pays l'Iranien Ali Vakili Rad, condamné en 1994 à Paris à la réclusion criminelle à perpétuité pour l'assassinat de Chapour Bakhtiar, l'ancien premier ministre du chah, en 1991 à Suresnes (Hauts-de-Seine).

Titulaire d'un passeport turc au nom de Musa Kocer, Ali Vakili Rad avait été arrêté en Suisse en août 1991, errant sur les bords du lac Léman. Il sera extradé vers la France avec deux autres Iraniens : Zeynalabedine Sarhadi, secrétaire administratif à l'ambassade d'Iran à Berne, soupçonné d'avoir aidé Vakili dans sa fuite, ainsi qu'un homme d'affaires, Massoud Hendi, ancien correspondant de la télévision iranienne en France.

Fils de coiffeur, Ali Vakili Rad est né en 1959. Au cours de son procès, en 1994, son avocat racontait qu'il avait été un partisan de la révolution islamique, avant de collaborer avec les Moudjahidines du peuple (ce que ces derniers contestent), une organisation armée opposée tant au chah qu'à la révolution. Il se serait enfin rapproché du mouvement de resistance menée par Chapour Bakhtiar. C'est pourtant bien pour s'être introduit dans la villa de Chapour Bakhtiar à Suresnes et l'avoir tué, ainsi que son secrétaire Sorouch Katibeth, qu'Ali Vakili Rad a été arrêté.

L'ex-juge antiterroriste Jean-Louis Bruguière, qui avait instruit l'affaire, raconte dans le Journal du Dimanche du 16 mai, qu'Ali Vakili Rad avait *"étranglé l'ancien premier ministre du chah"*. *"Ce jour-là, le chef de la sécurité, accompagné de Vakili Rad et d'un autre, avait rendez-vous avec l'ancien Premier ministre, au motif de préparer un attentat en Iran ! Ils venaient soi-disant chercher son approbation"*, explique-t-il.

La signature de l'arrêté d'expulsion alimente les soupçons quant à un éventuel marchandage entre Paris et Téhéran. La justice française doit entériner mardi après-midi sa libération conditionnelle. Ayant accompli la part incompressible de sa peine, Ali Vakili Rad etait libérable depuis près d'un an, mais sa remise en liberté n'était envisageable que si le ministère de l'intérieur ordonnait son expulsion.

Bernard Kouchner a affirmé qu'il n'y avait eu *"aucune contrepartie"*, *"aucun marchandage"*, assurant qu'*"en France, on n'influence pas des décisions des juges"*.

L'avocat d'Ali Vakili Rad, Me Margulis, réfute également tout lien entre le sort de son client et celui de Clotilde Reiss : *"On ne peut pas raconter que c'est un échange. Ce n'est pas convenable. Mon client était libérable avant l'arrestation de Mlle Reiss"*.

Téhéran

L'Iranien Ali Vakili Rad, assassin de l'ex-Premier ministre Chapour Bakhtiar, etait arrivé à Téhéran après avoir été expulsé de France deux jours après le retour à Paris de l'universitaire française Clotilde Reiss. Très ému à son arrivée à Téhéran, où il a été accueilli par deux responsables officiels, il a affirmé avoir *"laissé derrière (lui) l'enfer"* et s'est dit *"content d'avoir retrouvé le paradis"*, selon des propos rapportés par l'agence officielle IRNA.

"Je dirais autant que je pourrai ce que j'ai enduré pendant ces années", a-t-il ajouté en faisant le V de la victoire. Pour répondre aux soupçons de tractations entre Paris et Téhéran, tant la France que l'avocat d'Ali Vakili Rad ont démenti tout lien entre les deux affaires. *"La justice est indépendante et il n'y a eu à aucun moment aucun lien, aucun marchandage, aucun échange, aucune tractation de quelque nature que ce soit entre la libération de Clotilde Reiss et la décision prise aujourd'hui par le tribunal français"* a réaffirmé le porte-parole du ministère français des Affaires étrangères, Bernard Valero.